★ 인생 연출 ★

꿈꾸던 삶을 현실로 만드는

인생 연출

이태화 지음

P:AZIT

차례

프롤로그

나도 배우다 • 09
인생은 공연이다 • 11

무대에 오르기 전에

감독이 되어라 • 19
초목표를 찾아라 • 31
인생의 초목표를 설정하라 • 45
스토리보드를 그려라 • 55
무대로 이끌어라 • 70

무대 위에서

1인 다역을 연기하라 • 81
나답게 서라 • 90
강점으로 승부하라 • 100
메소드 연기를 하라 • 112
Double Existence 하라 • 124

무대를 내려오면

- 한 줄 평을 남겨라 · 137
- NG 장면은 버려라 · 146
- 롤플레잉하라 · 157
- 나를 캐스팅하라 · 166
- 인생을 연출하라 · 177

에필로그

- Ready? Action! · 192
- 지금 이 장면이 예술이다 · 196

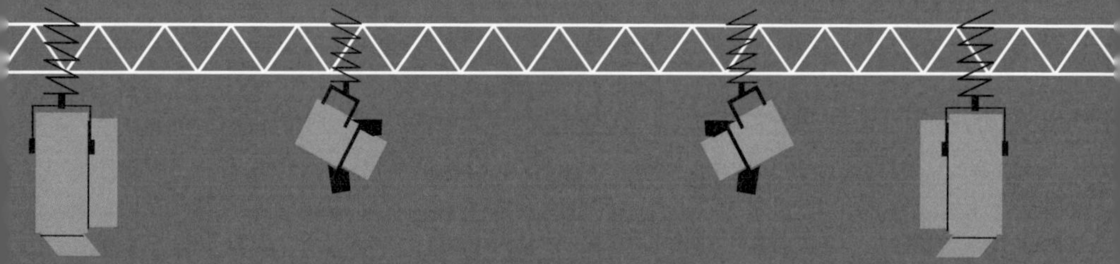

프롤로그

나도 배우다

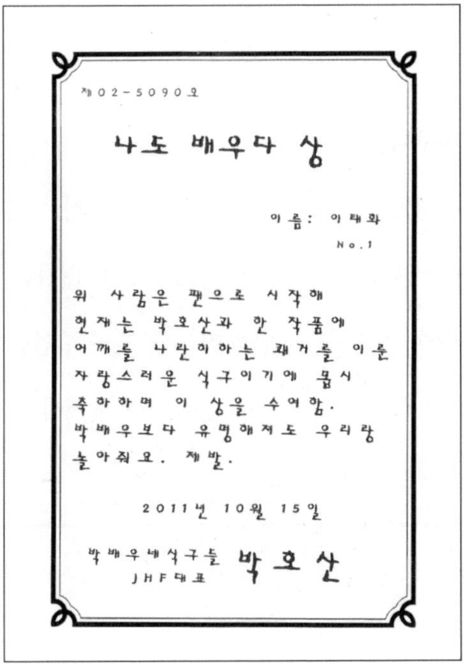
제02-5090호

나도 배우다 상

이름: 이태화
No.1

위 사람은 팬으로 시작해
현재는 박호산과 한 작품에
어깨를 나란히하는 쾌거를 이룬
자랑스러운 식구이기에 몹시
축하하며 이 상을 수여함.
박배우보다 유명해져도 우리랑
놀아줘요. 제발.

2011년 10월 15일

박배우네식구들
JHF대표 박호산

2011년 가을, 배우가 되고 처음 상을 받았다. 박호산 배우의 생일 파티였다. '추억의 졸업식' 콘셉트로 교복도 입고, 한 명씩 돌아가며 사진도 찍었다. 깔깔대는 웃음소리와 통기타 소리, 함께 부르는 노래 소리가 잘 섞였다. 대학로의 아담한 지하 술집 '서커스'는 딱 사이좋게 비좁았다.

파티 분위기가 한껏 무르익었을 즈음 상장 수여식을 했다. 내 이름이 불렸다. 학창 시절 상을 받으러 나갈 때의 으쓱함과 달랐다. 이미 알고 있는 단어로는 표현할 수 없는 기분이었다. 다섯 걸음쯤 걸어 나가 상장을 받아 들었다. 종이 한 장 치고는 무거웠다. 그 동안 흘렸던 눈물에 흠뻑 젖어있는 것만 같았다.

그래, 나도 배우다!

배우가 되고 배웠다. 우리는 모두 배우다. '세상'이라는 무대 위에서 '삶'이라는 공연을 한다. 삶의 대본을 쓰고, 대사를 내뱉고, 움직인다. 스스로 삶을 연출한다. '삶'이라는 공연의 주인공이다. 주연 배우이면서 동시에 감독이다. 인생을 연출하는 주체다.

나도 배우고, 당신도 배우다.

인생은 공연이다

2010년 3월 31일, '회사원'이라는 역할을 끝냈다. 4월 1일, 생각보다 일찍 눈이 떠졌다. 잠들기 전에는 그 동안 못 잤던 늦잠이나 실컷 자야겠다고 생각했는데 막상 눈이 떠지고 나니 더 이상 잠이 오지 않았다. 희한하게 더 말똥말똥해졌다. 오늘부터 시작이구나 생각했다. '설렘 반 두려움 반'이라는 말이 어떤 느낌인지 알았다. 과감한 도전과 선택을 축하 받고 싶은 마음에 친구들에게 문자를 보냈다.

[회사 진짜 그만 뒀다. 오늘부터 프리랜서다!]

돌아오는 답으로 '잘 했다!', '멋있다!', '대단하다!'를 예상했다. 응원과 격려, 내심 부러움을 기대했다. 그런데 실제로 온 문자들은,

[안 속는다!]

[재미없다]

[일해라]

비장한 나의 메시지가 만우절 장난인 줄 알았나 보다. 2010년 4월 1일, 거짓말처럼 백수가 되었다.

서른 살이었다. 프리랜서 강사로 생계를 유지하면서 배우 준비를 시작했다. 각오는 비장했고, 현실은 비참했다. 배우로서 오디션에 번번이 떨어졌고, 강사로서 강의 기회를 잡기 어려웠다. '할 수 있다!'는 자신감과 '이렇게 해서 될까?'하는 두려움이 반복됐다. 이랬다저랬다 미친놈 같았다. 미치지 않으면 미칠 수 없는 거 아니냐며 나를 달래다가도 막연한 두려움에 또 미쳐버릴 것 같았다.

어쩌다 강의가 들어오면 정말 모든 걸 바쳐서 준비했다. 자칫 강의를 망치면 밥줄이 끊길 것 같았다. 강의 준비에 몰입하면 화장실에 갔다 오는 시간도 아끼고 싶었다. 잠깐 자리를 뜨는 사이에 몰입의 끈이 끊어지는 게 싫었다.

'시작은 어떻게 하지?'

'이 화면을 띄워 놓고 무슨 얘기를 할까?'

'이 장면에서는 어떤 음악이 어울릴까?'

'청중들이 이 대목에서 어떤 반응을 할까?'

'횡설수설하는 거 아닌가?'

'결국 내가 하고 싶은 이야기가 뭐지?'

'마지막 멘트는 뭐라고 할까?'

고민은 끝이 없다. 꼬리에 꼬리를 물다가 꼬리를 찾을 수 없는 꼴이 된다. 강의 준비를 끝낼 때는 '이 정도면 됐어!'보다 '이제 더는 못 하겠다!'였다.

유독 진도가 나가지 않는 날이 있었다. 그 날은 답답한 마음을 달래보려고 일부러 화장실에 갔다 와도 도무지 갈피를 잡지 못했다. 왠지 모를 초조함, 그 때다. 뭔가 스쳐지나 갔다. 문득 떠오른 생각이었다. 명확하지 않았지만 붙잡고 싶었다. 이 기분은 뭐지? 뭔가 대단한 걸 발견할 것 같은 느낌적인 느낌이었다.

"강의도 공연이다!"

이거다! 강의를 준비하는 강사는 오디션을 준비하는 배우 같았다. 그 초조함, 간절함, 막막함, 두려움, 설렘, 이 미친 기분들이 오디션을 준비할 때와 똑같았다. 순간적으로 초능력 같은 엄청난 기운이 생기는 것 같았다. 신비한 연결고리를 찾았다. 갑자기 정신이 맑아졌다.

그래! 강의와 공연이 다르지 않다! 전달하고자 하는 강의 내용은 대본이다. 강사인 나는 배우이자 작가, 연출, 감독이다. 대본도 내가 수정한다. 이번 강의는 어떤 장르로 연출할지 고민한다. 정해진 강의 시간은 공연 시간이다. 내가 '컷!'을 외치고, 내가 '오케이!'를 외친다. 청중과 분위기에 따라 의상도 달리 한다. 무심코 활용하던 동영상도 새롭게 연출한다. 음악은 정해진 순간에 나와야 할 이유가 생긴다. 의상 감독도 음악 감독도 전부 내가 한다. 강의가 공연이 되는 순간 강의 자료는 소품이 되었다. 강의 화면은 무대 디자인이다. 나는 강사를 연기하는 배우이자, 강의를 연출하는 감독이다. 비록 프로 연극 무대에 오르지 못했고, 아무도 나를 배우로 인정하지 않을 때지만 나는 분명히 배우였다. 강의라는 일이 설레는 공연이 되었다. 청중은 관객이다. 강단은 무대고, 나는 1인 기업이 아닌 1인 극단이다. 강의가 공연과 다르지 않다는 것을 깨달은 후 나의 일상이 연극처럼 다가왔다. 내가 가는 곳은 어디든 무대가 될 수 있었다.

'강사'라는 역할을 잘 해내기 위한 노력이 곧 연출이다. 강단에 서는 순간 '강사'라는 역할에 몰입하는 것은 '강사'를 연기하는 것과 같다. 우리는 삶을 연출하고, 역할에 몰입하는 연기를 한다. 그야말로 메소드 연기다. 인생 연출은 세상을 무대로, 삶을 아름다운 예술로 만들 수 있다.

내가 가는 곳은 어디나 무대가 된다.

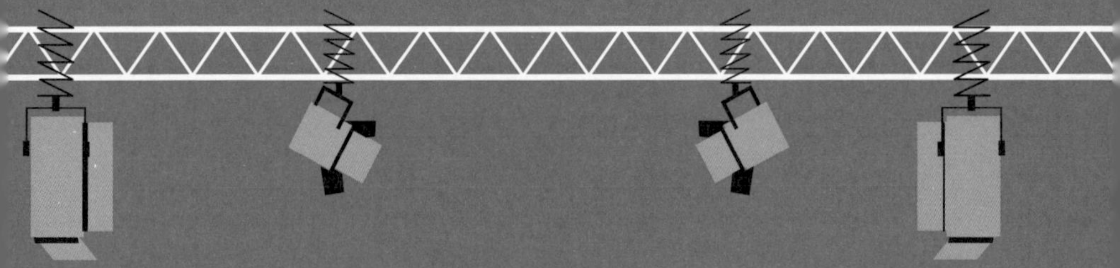

무대에
오르기 전에

감독이 되어라

괴물은 되지 말아야죠

"사람 되기 어렵지만 괴물은 되지 말아야죠."

-영화 <생활의 발견> 중에서

출근하는 길이었다. 습관처럼 지하철에서 내리고, 환승 길을 걸었다. 출퇴근 시간에는 사람들이 움직이는 큰 흐름이 생긴다. 그날도 휩쓸려 떠내려가고 있었다. 그러다 우연히 반대편에서 걸어오던 사람들이 눈에 들어왔다. 그런데 갑자기 그들의 걸음이 빨라지기 시작했다. 눈도 휘둥그레졌다. 남녀 할 것 없이 큰일이라도 난 것 마냥 달리기 시작했다. 무서웠다. 이게 무슨 일인가 했다. 휩쓸려가던 힘 때문에 멈출 수도 없이 겨우 고개를 돌렸다. 아! 그제야 이유를 알았다. 곧 들어오는 지하철을 타기 위해서였다. 맙소사! 그런 광경이 펼쳐

졌던 순간은 예전에도 있었을 거다. 하지만 그날 아침에는 충격적인 장면으로 보였다. 무표정하게 걷던 사람들이 갑자기 빨라지는 모습이 섬뜩했다. 아무 말도 하지 않고, 서로를 밀어내며 달린다. 순간 그들이 좀비처럼 보였다. 무리를 지어 누군가를 쫓는 장면과 겹쳤다. 반복되는 일상에 지친 사람들, 한겨울에도 땀을 뻘뻘 흘려야 하는 지옥철, 하지만 내일도 다시 올라타야 하는 숙명, 삭막했다. 답답하고, 안타까웠다. 속마음이 보이지 않았지만 표정만큼은 전혀 행복해 보이지 않았다. 그리고 그 무리에 나도 끼여 있다는 것이 슬펐다. 누군가 나를 보며 비슷한 생각을 가졌을지도 모른다고 생각했다. 맞다. 나도 넋이 나간 사람처럼 걸었다. 잠에서는 깼지만 깨어 있지 않았다. 내가 왜 매일 아침 이 길을 반복해서 걷고 있는지에 대해 묻지 않을 수 없었다. 괴물 같지는 않았지만 사람답게 살고 있는 건지 궁금했다.

"꿈이 없는 사람은 꿈이 있는 사람 인생의 조연으로 산다."

분명히 알고 있었다. 그때의 나는 꿈꾸던 모습이 아니었다. 누군가의 삶에 지나가는 사람 역할 같았다. 조연은 더 이상 하고 싶지 않았다. 영혼이 탈탈 털린 좀비는 싫다. 괴물이 아닌 사람처럼 살고 싶었다. 한 달에 한 번, 월급이라는 마약에 중독되어 갈 때쯤이었다. 좀비처럼 깨어 있는 것보다는 꿈에 취해 깨지 않는 편이 더 나은 것 같았다. 그렇게 며칠 후 월급과 맞바꾼 조연 역할을 그만뒀다.

지하철 환승역이 시작이었다. 내가 나의 인생에서 주인이 되는 방법을 찾아 헤맸다. 누군가의 인생에 조연으로 출연하는 삶이 아니라 나의 인생에 주연이 되고 싶었다. 그런 삶을 살기 위해서 내가 나를 무대에 올리고, 당당하게 연기할 수 있게 연출하는 감독이 되어야 한다.

감독의 눈으로 보면

아래 57개 형용사 중에 자신을 가장 잘 표현한다고 생각하는 단어 6개를 고른다면, 어떤 단어들을 고를 것인가?

재능 있는[able], 양향적인[내향적이면서 외향적인,ambivert], 솔직한[accepting], 적응할 수 있는[adaptable], 용감한[bold], 차분한[calm], 보살피는[caring], 유쾌한[cheerful], 영리한[clever], 마음이 맞는[congenial], 까다로운[complex], 자신감 있는[confident], 믿음직한[dependable], 품위 있는[dignified], 활동적인[energetic], 외향적인[extrovert], 친근한[friendly], 포용적인[giving], 행복한[happy], 도움이 되는[helpful], 이상적인[idealistic], 독립적인[independent], 기발한[ingenious], 똑똑한[intelligent], 내향적인[introvert], 친절한[kind], 아는 것이 많은[knowledgeable], 논리적인[logical], 사랑스러운[loving], 성숙한[mature], 겸손한[modest], 예민한[nervous], 조심성 있는[observant], 낙천적인[optimistic], 체계적

인organized, 참을성 있는patient, 강렬한powerful, 자부심 있는proud, 적극적인aggressive, 생각이 깊은reflective, 여유 있는relaxed, 신앙심 깊은religious, 즉각 반응하는responsive, 살피는searching, 자기 주장이 강한self-assertive, 자의식이 강한self-conscious, 합리적인sensible, 감정적인sentimental, 수줍어하는shy, 어리석은silly, 영리한smart, 자발적인spontaneous, 동정심 있는sympathetic, 긴장한tense, 신뢰할 수 있는trustworthy, 따뜻한warm, 지혜로운wise

만약 당신을 아주 잘 안다고 생각하는 사람에게 당신을 가장 잘 표현하는 것 같은 단어 6개를 고르라고 한다면, 그 사람은 어떤 단어들을 고를까? 그리고 내가 고른 6개의 단어와 그 사람이 고른 6개의 단어는 몇 개나 일치할까?

1955년 조셉 러프트Joseph Luft와 해리 잉햄Harry Ingham이라는 두 심리학자는 창문을 만들었다. 그리고 위 57개의 형용사를 이용한 재미있는 방법을 소개했다. 이 창문은 두 사람의 이름을 따서 '조해리의 창Johari's window'이라고 이름 붙였다. 조해리의 창은 4가지 나의 모습을 보여 주는 창이다. 첫 번째 창은 '나도 알고, 남도 아는 나'의 창이다. 두 번째 창은 '나는 알지만, 남은 모르는 나'의 창이다. 세 번째 창은 '나는 모르지만, 남은 아는 나'의 창이다. 마지막 네 번째 창은 '나도 모르고, 남도 모르는 나'의 창이다. 이 4가지의 나를 순서대로 '열린 나open-self', '숨겨진 나hidden-self', '눈 먼 나blind-self', '모르는 나unknown-self'라고 부른다.

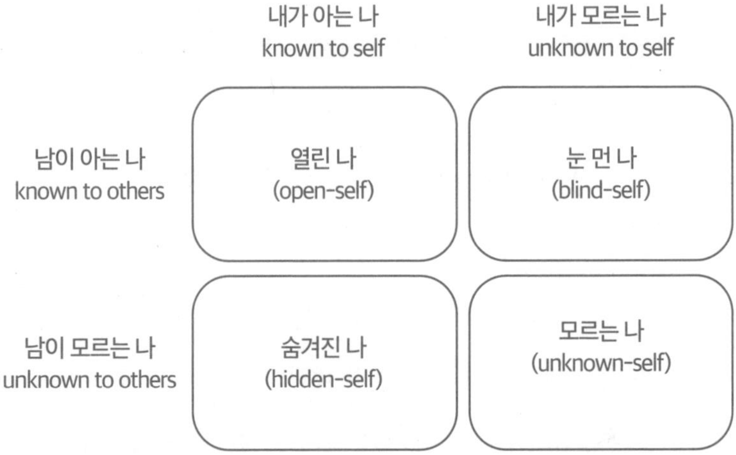

앞에서 본 57개의 형용사 중 내가 고른 것과 남이 고른 것의 6개가 모두 일치하지는 않을 가능성이 높다. 만약 일치하는 단어들이 있다면 그것들은 '열린 나'의 창에 해당한다. 나는 골랐지만, 남들이 고르지 않은 단어는 '숨겨진 나'의 창에 들어간다. 나는 고르지 않았는데, 남들이 고른 단어가 들어갈 곳은 '눈 먼 나'의 창이다.

창문의 크기는 상황에 따라 변한다. 공감대가 형성되면 '숨겨진 나'와 '눈 먼 나'의 창은 작아지고, '열린 나'의 창이 커진다. 다른 사람에게 나에 대한 정보를 많이 알려 주고, 다른 사람으로부터 듣는 정보도 잘 받아들인다는 의미다. '자기 노출[Self-disclosure]'과 '피드백[feedback] 수용'이 자연스럽게 '열린 나'의 영역을 넓힌다. 반대로 자기를 잘 드러내지 않고, 다른 사람으로부터 듣는 나의 정보를 받아들이지 않으면 '열린 나'의 창은 작아진다. 일반적으로 '열린 나'의 창이 커질수록 소통도 잘 되고, 대인 관계도 좋아진다고 본다.

"노량진 수산 시장에 잡혀온 생선처럼 파닥거린다."

이 말을 듣는 순간 연습실을 뛰쳐나가고 싶었다. 너무 부끄럽고 민망했다. 무대 위에 있는 것이 어색할 때였다. 시선은 한 곳에 두지 못했다. 작은 동작이 많았다. 게다가 그런 쓸데없는 동작들이 빠르다 보니 생선이 파닥거리는 것처럼 보였나 보다. 배우가 되고나서 알게 된 나의 모습이다. 감독님은 알고 있었지만 나는 몰랐다. '눈 먼 나'의 창이다. 피드백은 어떤 행동이나 반응의 결과를 알려 주는 것을 말한다. 그래서 피드백은 주관적일 수 있다. 그러나 객관적으로 나를 볼 수 있는 소중한 정보다. 피드백을 통해서 내가 모르고 남이 알고 있는 나의 모습을 발견할 수 있다. 피드백의 사실 여부를 떠나 피드백을 들을 수 있어야 한다. 피드백 수용은 성장과 발전을 위해서 반드시 해야 할 일이지만, 나에게는 아직도 도전이다.

"태화야, 너는 유리 같아. 무슨 얘길 해주면 깨져 버려. 그러면 아무도 너한테 얘기해 줄 수 없어."

멘토 박호산 배우의 진심 어린 조언이었다. 배우가 피드백에 상처를 입으면 힘들다고 했다. 그러니 빨리 적응해서 괜찮아지면 좋겠다고 했다. 내가 받아들이고 싶지 않는 나의 모습도 받아들여야 했다. 견디고, 참아야 했다. 겸허히 흡수해야 했다. 피드백의 중요성을 알고 있었지만 그것을 수용하는 것은 쉽지 않았다. 때로는 피드백이 지적 같을 수도 있다. 다른 배우들이 지켜보고 있는 곳에서 공개적으로 받는 피드백은 공격처럼 느껴지기도 한다. 긍정적인 의도의 말들도 비난으로 받아들여질 수 있다. 그럼에도 불구하고 받아들일 수 있어야 한다.

흔히 배우들은 감독의 눈을 통해 자신을 본다. 감독은 '내가 보지 못하는 나'를 대신 봐 주는 사람이다. 숨겨둔 나를 꺼내 놓게 하고, 눈 먼 나를 깨우는 사람이다. 연기를 하면 자연스러운 자기 노출과 피드백 수용이 이뤄진다. 그러나 우리는 항상 감독과 함께 있을 수 없다. 배우이면서 동시에 감독으로 존재하기 위해서 우리 안에 감독의 눈이 필요하다. 배우로서 연기를 하는 동시에 감독으로서 관찰할 수 있는 눈이 필요하다. 어떤 생각을 하고, 어떤 말을 하고, 어떤 행동을 할 것인지 스스로 선택하기 위한 눈이다. 내가 몰랐던 나와 마주하는 것만큼 낯선 것도 없다. 그리고 그것만큼 재미있는 것도 없다.

NG와 OK는 내가 결정할게요

"다시 한 번 걸어 나와 보세요."

"다시 한 번 갈게요."

"지금이랑 다른 느낌으로 걸어 나와 볼게요."

"방금 그 느낌은 뭐죠? 다시 한 번 나와 주세요."

"조금 더 양아치처럼 걸어 주세요."

……

세어 보지 않았지만, 적어도 스무 번은 넘게 NG 소리를 들었다. No Good. 말 그대로 좋지 않았다. 감독님은 걸어 나오는 것이 마음에 들지 않았는지 계속 다시 걸어 나오기를 주문했다. 연극계 대선배님들께서 보고 계시는 것이 부담스러웠다. 대사를 하기도 전에 걷는 것만 수십 번 반복했다. 기다리는 배우들에게 미안해지고, 걷는 것도 제대로 못하는 내가 바보 같고, 계속 다시 시키는 감독님이 밉고, 점점 집중력을 잃어 갔다. 단지 대여섯 걸음 걸어 나오는 것뿐이었는데…….

연극 〈나두야 간다〉에서 처음 등장하는 장면이었다. 프로 배우로 처음 무대에 등장하는 순간은 혹독한 과정을 거쳐야만 했다.

"다른 장면 먼저 하고 다시 해 볼게요."

"네. 죄송합니다."

멋쩍은 인사를 하고 들어와 앉았다. 그 몇 발자국을 제대로 못 걸어 나간 내가 너무나 한심했다. 양아치 역할을 한답시고 수염도 기르고, 머리도 뒤로 묶고 있었다. 껍데기만 양아치였다. 어설픈 흉내를 내고 있는 내가 쭉정이 같았다. 문제는 걷는 것만이 아니었다. 극중에는 담배를 한 모금 빠는 장면도 있었다. 그런데 나는 담배를 피우지 못했다. 모든 것이 연습할 거리였다. 걸음마 배우는 갓난아이와 같아서 보고, 걷고, 말하는 법까지 모든 것을 처음부터 다시 배워야 한다는 말을 이해하기 시작했다. 연습 기간 동안 담배를 사서 가지고 다녔다. 피지는 않아도 물고 다녔다. '양아치'를 잊은 순간이 거의 없었다. 당시에는 집에서 한강 망원 지구로 조깅을 자주 했었는데, 달리면서도 양아치처럼 달리는 게 어떤 걸까 생각했다. 그러다 보면 입에서 욕이 절로 나오기도 했고, 악에 바쳐서 전력 질주를 하다가 숨이 가빠져 울상이 되기도 했다.

공연이 임박한 연습 종반부 어느 날이었다. 그 날도 양아치로 등장하는 장면을 연습하고 있었다. 그러다 나도 모르게 이상한 목소리로 대사를 하게 됐다. 철저히 계산되거나 연구한 것은 아니었다. 그럴 실력도 없었다. 연습에 연습을 거듭하다 보니 어쩌다 얻어 걸린 느낌이었다. 그냥 그 순간의 느낌으로 대사를 내뱉었다.

"좋아요!"

갑자기 감독님이 반응했다. 그 날 처음으로 감독님에게 '좋다'는 말을 들었다. No Good이 아니라 Good이었다. 뭔가 다른 배우와는 다른 느낌의 양아치 같다고 했다. 내가 표현한 느낌을 조금 더 살려 보자고 했다. 나도 감독님도 흐뭇했다. 그 자리에서 내색하지 않았지만 얼마나 기분이 좋았는지 모른다. 몸은 가벼워지고, 가슴 한 편에 묵직하게 걸려 있던 무언가가 사라졌다. 시원했다. 그 놈의 NG와 OK가 뭔지, 감독의 'NG!', 'OK!' 한 마디에 나는 하루에도 몇 번씩 하늘을 날기도 하고, 땅으로 곤두박질치기도 했다.

배우가 되기 전에도 NG와 OK를 외치는 사람이 있었다. 아들이라는 역할을 연기할 때는 부모님이 감독이었다. 학생이라는 역할을 연기할 때면 선생님이 보고 있었다. 사회에 나와서는 누군지도 모르는 '사회적으로', '일반적으로', '보편적으로'라고 불리는 기준을 따랐다. 다른 사람의 NG와 OK에 따라 나의 연기는 발연기가 되기도 하고, 명연기가 되기도 했다. NG라고 하면 좌절하고, OK라고 하면 기뻐했다. 단 한 번도 내가 기준이 되어 보지 못한 삶이었다. 다른 사람들의 기준에 나를 맞추면서 울고 웃었다. 그 기준마저 하나가 아니었다. 시간이 흐르면서 계속 다른 기준이 나타났다. 기준이 바뀔 때마다 헐떡였다. 열심히 하면서도 무기력했다. 열정은 정열적이지 못했고, 뜨겁기보다 미지근했다. 그마저도 금방 식기 일쑤였다.

우리는 남들의 기준으로부터 자유롭지 않다. 그렇게 된다는 것은 아주 이상적인 이야기일 수 있다. 우리는 언젠가부터 창의적인 글로벌 인재가 만들어 놓은 기준을 따라가기 바쁘다. 모든 기업이 추구하는 인재상이다. 그놈의 창의적인 글로벌 인재. 과연 언제쯤이나 창의적이면서도 글로벌하게 될 수 있을까? 지금 내가 쓰는 글은 누군가의 기준에서는 NG일 수도 있다. 어떤 출판사의 기준에, 어느 편집장의 기준에, 어느 독자의 기준에 NG일지라도 나는 글쓰기를 멈추고 싶지 않다. 아직은 내가 좋아서 쓰는 글에 내가 NG라고 외치고 싶지 않기 때문이다.

'삶'이라는 작품에서 배우이자 감독이 된다는 것은 스스로 'NG'와 'OK'를 외치는 것이다. 그 자유를 누리는 것이다. 내 삶은 나의 작품이다. 내가 주연이고, 내가 감독이다. 만약 그렇지 않다면 누군가 외치는 NG와 OK에 따라 움직이는 꼭두각시가 된다. 내가 만드는 삶의 장면을 NG와 OK로 나눈다면 그 기준은 내 것이어야 한다. 나의 기준에 따라 스스로 NG와 OK를 외칠 때 삶은 내 것이 된다. 만약 내가 나답지 못한 장면을 만들고 있다면, 우리는 스스로 NG를 외칠 수 있다. 반면에 스스로도 만족스럽고, 다시 그 순간이 와도 같은 선택을 할 것 같은 장면은 OK다. 연기도 내가 하고, NG도 OK도 내가 외친다. 그것이 내가 주연이며 감독이 되는 나의 삶이다.

연극 <나두야 간다> 출연 모습. 연극에서는 감독의 OK가 필요하지만, 인생에서는 내가 스스로 OK와 NG를 외쳐야 한다.

초목표를 찾아라

초목표 = 목표의 목표

> 희곡에서 개개의 작은 목표들, 배우의 모든 상상, 감정 및 행동이 형성하는 전체적인 물줄기는 초목표 달성을 위해서 한 곳으로 모아져야 한다.
>
> – 스타니슬랍스키*

초목표Super Objective는 하나의 작품이 지향하는 궁극적인 목표다. 작품을 이루는 각각의 장면들도 목표가 있지만 초목표는 작품의 전체 장면이 지향하는 목표다. 모든 장면이 모여서 만들어진 작품의 궁극적인 목표를 초목표라고 한다. 초목표는 각각의 장면이 지향하는 목표의 목표다.

---

* 러시아의 연출가이며 배우이다. 그의 연기 기법은 오늘날의 사실주의적 연기 기법의 기초가 되고 있다.

배우의 연기도 초목표 달성을 위해 창조된다. 작품에 참여하는 모든 스태프들도 마찬가지다. 초목표를 위해 하나가 되어야 한다. 초목표는 작품을 지탱하는 뼈대와도 같다. 작품이 방향을 잃지 않고 갈 수 있는 지향점이다. 작품이 흔들리지 않도록 하는 구심점이다. 작품에 참여하는 모든 사람이 향하는 궁극적인 목표다.

"재수 없어!"

관객으로부터 이 말을 듣는 것이 한 때 나의 목표였다. 배우로서 나의 상상, 감정, 행동은 재수 없어 보이는 것을 목표로 했다. 실제로 해당 장면을 연기하고 무대에서 퇴장할 때 객석에서 재수 없다는 말이 들리기도 했다. 뿌듯했다. 목표를 달성했다는 뜻이다. 뒤통수가 따끔거리는 게 아니라 흐뭇했다. 뮤지컬 〈곤, 더 버스커Gon, The Busker〉의 '해운대 장면' 이야기다.

뮤지컬 〈곤, 더 버스커Gon, The Busker〉는 버스커 '최곤'의 이야기다. 버스크busk는 '길거리에서 공연하다.'는 뜻이고, 거리에서 자유롭게 공연하는 것을 버스킹busking이라고 한다. 주인공 '곤'은 거리에서 자유롭게 기타를 치며 노래하는 버스커다. 작품에는 또 다른 버스커가 등장한다. 이란성 쌍둥이 남매다. 남매 중 누나는 댄서 '니나'다. '니나'는 청각 장애가 있다. 남동생은 드럼을 치는 '원석'이다. 쌍둥이 남매는 길거리 공연을 하면서 어렸을 때 헤어진 어머니를 찾던 중에 우연히 곤을 만난다. 셋은 '니나잘해'라는 팀을 만들어 함께 거리 공연에 나선다.

'해운대 장면'은 길거리 공연을 하는 버스커 '니나잘해'가 부산 해운대에서 버스킹하는 상황을 그렸다. 공연 때는 실제 관객을 해운대에서 구경하는 사람들처럼 연출하기도 했다. 해운대 장면에서 나의 역할은 '니나잘해'를 핍박하는 공무원이었다. '니나잘해'는 꿈과 자유를 향해 나아가는 것을 상징했고, 공무원은 그것을 가로막는 장애를 상징했다.

뮤지컬 <곤, 더 버스커> 출연 모습. 한 장면 한 장면이 전체 목표와 연결된다.

'해운대 장면'의 대본을 일부 소개하겠다.

(공무원이 '니나잘해'의 공연을 저지하면서 입장한다.)

공무원: 안 됩니다! 이거 다 접으세요! 여기서 공연하시면 안 돼요!

곤: (공연을 이어가기 위해서 관객을 향해) 여러분! 이 분께 박수 한번 주세요!

공무원: (곤을 저지하며) 이 사람이 하지 말라니까! 어디 길에서 구걸을 하고 있어!

원석: 구걸이요? 우리가 거지입니까?

공무원: 이 사람이 내가 누군지 알고! 나 공무원이야!

구경하는 사람: (공무원을 잡으며) 아저씨! 이것만 좀 들을 게요.

공무원: 잡지 마! 나 공무원이야! (기타 가방을 발로 차면서) 뭐 하는 거야!

(흥분한 원석이 공무원과 몸싸움을 벌이려 하자 니나가 나서서 싸움을 말린다.)

공무원이 등장하기 전까지는 분위기가 좋았다. 배우들과 관객이 마치 해운대 해변에 있는 것처럼 흥겨운 장면을 연출한다. 그런데 공무원의 등장으로 한 순간에 아수라장이 된다. 공무원을 연기할 때 실제 관객을 향해서 소리치기도 했다. 공연을 보던 관객들도 공무원의 호통을 듣게 된다. 난데없는 호통에 정말로 황당해 하던 관객도 있었다. 그런 공무원의 강압에 원석은 저항한다. 금방이라도 싸움이 날 것 같은 험악한 분위기에서 니나가 나선다. 말을 잘 하지 못하는 청각 장애인 니나는 원석이 치는 타악기를 때리며 주의를 집중시킨다. 그리고 수화로 이야기한다. 모금을 하는 게 불법인 줄 몰랐다고, 돈을 돌려드리겠다고 한다. 우리 때문에 싸우지 말라고 한다. 니나의 다급한 수화가 끝난다. 청각 장애인 니나의 수습으로 분위기가 잠잠해진다. 그리고 니나의 목소리가 극장을 채운다.

"되…송..합니다…… 죄..송합니다"

갑자기 분위기가 싸해진다. 해운대 장면에서 나에게 주어진 목표는 장면을 슬프게 만드는 것이었다. 공무원은 '니나잘해' 를 억압하고, 비참하게 만들고, 처절하게 만들어야 했다. 감독은 내가 니나를 슬프게 할수록 작품은 전체적으로 더 좋아질 것이라고 했다. 공무원은 철저히 악역이 되어야 했다. 해운대 장면은 '니나잘해'가 꿈을 향해 나아가는 과정의 어려움을 보여 주려고 했기 때문이다. 그것이 해운대 장면의 목표였다. 그러기 위해서는 '니나잘해'와 대립하는 공무원의 강한 힘이 필요했다. 주인공들이 느끼는 슬픔과 서러움, 외로움, 좌절감을 끌어내야 했다.

작품의 초목표가 '자유와 해방감을 느끼게 하는 것'이라면, 해운대 장면의 목표는 '니나잘해'가 자유를 억압당하면서 겪는 좌절과 슬픔을 보여 주는 것이다. 작품의 초목표를 위해서 주인공의 자유가 억압되는 장면이 필요했다. 자유가 억눌리는 모습을 보면서 관객은 자유에 대해 생각하게 된다. 자유가 짓밟힐 때의 좌절감과 슬픔을 공감한다. 해운대 장면뿐 아니라 다른 장면들도 마찬가지다. 관객들이 자유에 대해 생각하고 느낄 수 있게 한다. 해운대 장면의 목표는 〈곤, 더 버스커〉의 초목표를 달성하기 위해서 설정되었다.

작품의 모든 장면들을 관통하는 목표가 초목표다. 작품의 각 장면들은 저마다 존재하는 이유가 있다. 그것은 초목표를 달성하는 것이다. 초목표는 개개의 장면들이 존재하는 이유다. 초목표는 하나의 장면이 존재하는 당위성을 부여한다. 또한 초목표는 장면 편집의 여러 대안들 중 하나를 결정하는 기준이 된다. 초목표는 편집과 선택의 기준이다. 초목표는 그야말로 '목표의 목표'다.

장면 목표 & 초목표

한 장면이 시작된다. 떨리는 목소리로 외친다.

"Captain, my captain!"

한 학생이 책상 위에 올라서서 소리쳤다. 당장 내려오라는 선생님의 경고도 무시한다. 다른 학생들은 떨리는 마음으로 지켜본다. 상황이 어떻게 될까? 책상 위에서 떨고 있는 소년처럼 나도 떨린다. 내려오지 않는 학생을 향해 선생님은 더 크게 윽박지른다. 그러나 학생은 내려오지 않고 오히려 꿋꿋이 버틴다. 선생님이 당황하기 시작한다. 그 순간 또 한 명의 학생이 책상 위로 올라간다. 그리고 외친다.

"Captain, my captain!"

두 명이 되었다. 책상 위에 올라가 있는 학생을 보자 선생님은 더욱 화가 난다. 모두 퇴학시켜버리겠다고 경고한다. 그러나 통하지 않는다. 심장이 두근거린다. 몇몇 학생은 애써 고개를 돌리며 외면한다. 그래도 떨리는 마음을 감출 수 없다. 그 때 결심한다. 또 한 학생이 책상 위에 올라선다.

"Captain, my captain!"

상황을 외면했던 몇몇 학생도 용기를 낸다.

"Captain, my captain!"

학생들이 하나 둘 책상 위로 올라간다.

"Oh captain, my captain!"

상황은 더 이상 통제할 수 없게 된다. 영화 〈죽은 시인의 사회〉의 마지막 장면이다. 지금 글을 쓰면서도 어김없이 소름이 돋는 명장면이다.

영화는 스크린에 비춰지는 장면들이 이어져서 완성된다. 영화는 시작부터 끝까지 여러 장면들로 이뤄진다. 한 편의 영화는 만든 사람의 의도가 담긴 여러 장면의 연속이다. 각각의 장면들은 만든 사람의 의도를 잘 전달하기 위한 수단이다. 장면이 존재하는 이유는 만든 사람의 의도를 전달하기 위해서다. 따라서 장면에는 목표가 있다. 모든 장면은 그 장면에서 꼭 보여 주고자 하는 것이 있다. 장면을 본 관객이 특정 생각을 하길 원하고, 특정 감정을 느끼길 원한다. 이것이 장면을 만든 의도이자 장면의 목표다. 장면을 구상할 때 역시 전달하고자 하는 의도를 고려한다. 장면을 촬영할 때도 목표가 있다. 배우들은 장면의 목표를 달성하기 위해서 연기하고, 참여하는 모든 스태프들도 장면의 목표 달성을 위해 하나가 된다. 영화 〈죽은 시인의 사회〉 마지막 장면의 목표는 무엇일까? 관객이 어떤 생각을 하고, 어떤 감정을 느끼기를 원했을까?

모든 장면의 목표가 달성되면 궁극적으로 작품의 초목표도 달성될 것이다. 이렇듯 각각의 장면을 만든 의도가 잘 전달된 작품은 강력한 힘을 갖는다. 한 편의 영화가 인생을 바꿀 수 있다. 영화 〈죽은 시인의 사회〉는 교육에 대해 질문을 던진다. 영화 내내 교육에 대해서 생각하게 하는 장면들로 채워진다. 많은 장면의 목표가 '교육에 대해서 생각하게 하기'다. 영화의 제목도 학생들의 창의성을 파괴하는 교육의 모순을 지적한다. "죽은 시인…, 이 세상에 시가 사라진다면 어떨까? 우리는 지금 어떤 사회에 살고 있는 걸까?"를 끊임없이 질문하게 한다. 영화의 어떤 장면에서는 주입식 교육의 폐해를 보여주기도 하고, 또 어떤 장면에서는 바람직한 교육의 희망을 보여 주기도 한다. 그리고 '키팅'이라는 혁신적인 선생님의 교육 장면을 통해 진정한 교육자의 모습에 대해서도 생각하게 한다. 영화를 만든 사람은 관객들이 교육에 대해서 저절로 생각하고, 느끼게 만든다. 이것이 〈죽은 시인의 사회〉라는 영화를 만든 사람들의 초목표다.

앞에서 소개한 마지막 장면이 더욱 감동적인 것은 학생들이 책상 위에 올라가는 연기가 많은 의미를 담고 있기 때문이다. 키팅 선생님은 학생들에게 다른 관점으로 세상을 보는 것에 대해 가르쳤다.

단순히 관점이 무엇이고, 관점이 어떤 영향을 미치고, 다른 관점으로 세상을 보는 것이 왜 중요한지 이론적으로 설명하지 않았다. 그는 수업 시간에 교탁 위로 올라갔다. 교탁 위에 서서 학생들을 바라봤다. 그리고 의자에 앉아서 보는 세상이 전부가 아니라고 외쳤다. 그게 끝이 아니다. 학생들에게 실제로 경험하게 한다. 한 명씩 교탁 위로 올라오게 하고 교실을 둘러보게 한다. 의자에서 보는 교실과 교탁 위에 서서 보는 교실은 다르다. 다른 것이 보이고, 다른 것이 느껴진다. 키팅 선생님은 그렇게 다른 관점에 대해 가르쳤다. 그런 그가 쫓겨날 때 학생들이 책상 위에 올라선다. 그리고 떠나는 선생님께 경의를 표한다. 다른 눈으로 세상을 보며, 당신의 가르침대로 살겠다고 약속한다. 감사하다고 말하는 것보다 더 강력하게 감사하다고 외친다. 온 몸으로 그에게 마지막 인사를 한다. 마지막 장면의 목표는 절망과 희망을 함께 보여 주는 것으로 설정된 것 같다. 학생들이 할 수 있는 것은 책상 위에 올라가는 것뿐 교실을 벗어나지 못했다. 모든 학생이 책상 위에 올라오지는 않았다. 여전히 고개를 숙이고 외면하는 학생들이 있고, 억압에 순응하는 인간들이 있다. 하지만 책상 위에 올라가는 행위가 시작일지도 모른다. 언젠가 책상 위에 올라가는 것 이상의 과감한 도전을 할 수도 있다. 떠나는 키팅 선생님의 표정에서도 뿌듯함이 전해진다. "Thank you, boys. Thank you!" 키팅 선생님의 마지막 대사이자 영화의 마지막 대사다. 결국 세상을 바꾸는 건 소수의 도전이다. 키팅 선생님의 표정은 거울이다. 희망이 보인다.

'교육이란 무엇이고, 가르치는 사람은 어떠해야 하는가?'

아직도 이 물음에 답을 찾고 있다. 적어도 나는 영화 〈죽은 시인의 사회〉를 만든 사람들이 영화의 초목표를 달성했다고 믿는다.

영화 <신과 함께>의 초목표

영화 〈신과 함께-인과 연〉의 초목표는 무엇일까? 연출을 맡은 김용화 감독은 '위로'라고 했다. 영화의 일관된 지향점이며 영화에 나오는 모든 역할과 장면을 관통하는 목표는 관객을 위로하는 것이다.

"저승과 이승, 천 년 전 이야기를 잘 함축해서 갖고 들어와야 했어요. 웹툰 3부작을 2부에 녹여 넣는 게 가장 중요한 목표였고요. 적당한 균형 감각으로 만들려고 했죠. 지금이 제가 하려고 했던 베스트예요. 제가 영민했으면 더 잘 녹여 냈을 텐데 힘들었어요. 주호민 작가가 하고자 했던 단 하나의 이야기는 '위로'라고 봤어요. 주호민 작가가 대중을 완벽하게 위로하고 있었어요. 제 영화에도 그걸 담고자 했고 그게 초목표와 맞닿아 있었어요."*

영화 〈신과 함께〉의 원작 웹툰 〈신과 함께〉는 뮤지컬로도 제작되었다. 같은 원작을 가지고 다른 장르의 다른 작품이 만들어졌다. 영화 〈신과 함께〉와 뮤지컬 〈신과 함께〉는 등장하는 인물도 다르고, 장면의 전개는 물론 이야기를 전달하는 방식도 다르다. 특히 원작을 해석한 관점에 따라 다른 초목표가 설정되었다. 김용화 감독은 영화 〈신과 함께-인과 연〉의 초목표를 '위로'로 설정했다.

"이 생에 내려와서 이 집 저 집 천년 동안 가택신 노릇하면서 지켜보니까 이놈의 인간들 더 모르겠더라. 그런데 한 가지 확실한 건 있더라. 나쁜 인간은 없다는 거. 나쁜 상황이 있는 거지. 그러니 원망스럽고, 원통하고 이해가 안 될 때 모든 걸 거꾸로 읽고, 거꾸로 생각해 봐. 그럼 풀릴 거다. 이 인간들도, 세상도, 이 우주도."

–영화 <신과 함께, 인과 연>, 성주신 역 마지막 대사

김향기 배우가 연기한 덕춘과 주지훈 배우가 연기한 해원맥이 만든 장면을 보자. 남매 같은 찰떡 캐미를 보여 준 덕춘과 해원맥은 영

* 매일경제, 스타투데이, 2018.8.6일 자 김용화 감독의 기사

혼의 원한을 풀어 주는 저승 차사다. 그런데 정작 본인들은 어떤 원과 한이 있었고, 어떤 인과 연을 맺고 있을까? 덕춘은 이승에서 아주 어릴 적에 부모님을 여의었다. 덕춘의 가족은 여진족이었다. 덕춘의 가족은 고려의 무시무시한 무사에게 죽임을 당한다. 그 무사는 하얀 삵 목도리를 두르고 얼굴을 가리고 다녔다고 해서 '하얀 삵'이라고 불렸다. 그런데 그 하얀 삵이 바로 해원맥이다. 이승에서 고려의 장수였던 해원맥은 여진족과 싸우는 과정에서 덕춘의 부모까지 죽였다. 물론 모르고 저지른 짓이다. 자신이 덕춘의 부모를 죽였다는 사실을 알게 된 해원맥은 죄책감에 괴로워한다. 그리고 남은 생을 덕춘의 후견인처럼 덕춘을 지켜 준다. 그리고 시간이 흘러 자신의 목숨이 위태로워진 순간 덕춘에게 고백한다. 덕춘의 부모를 죽인 자가 자기였다고 말이다. 하얀 삵 목도리를 꺼내 덕춘의 목에 둘러 주며 미안하다며 눈물을 흘린다. 삵 목도리를 보고 자신의 부모를 죽인 사람이 해원맥이란 걸 알게 된 덕춘은 아무 말도 하지 못하고 흐느낀다. 눈물이 쏟아지고, 10초 동안 대사 없이 표정으로만 연기하는 장면이 이어진다. 덕춘을 연기한 김향기 배우는 청룡영화상 여우조연상을 받기에 충분했다.

주지훈 배우가 연기한 해원맥을 나쁜 인간이라고 욕할 수 있을까? 해원맥은 정말 나쁜 인간일까? 아니면 나쁜 상황에서 어쩔 수 없었을까? 원망스럽고 원통하고 이해가 안 되던 것들이 조금이나마 풀릴 수 있었다면, 영화가 끝나고 조금이나마 위로 받는 감정을 느꼈다면 김용화 감독은 초목표를 달성한 것이다.

인생의 초목표를 설정하라

인생의 초목표

"여기서 어느 길로 가야 하는지 가르쳐 줄래?"

"그건 네가 어디로 가고 싶은지에 달렸지."

– <이상한 나라의 앨리스> 중에서

'내.꿈.남.행.' 내가 꿈꾸는 삶을 살면서 남도 행복하게 돕는 것이 나의 인생 초목표다. 내 삶 전체를 관통하는 목표다. 수많은 역할로서 만드는 모든 장면들을 관통하는 목표다. 매 순간 만드는 장면들의 목표는 '내.꿈.남.행.'이라는 궁극적인 목표를 향해 있다. 나는 '내가 꿈꾸는 삶을 살면서 남도 행복하게 돕는 장면'을 만들고 싶다. 이것이 내가 사는 이유다. 나는 꿈을 꾸고, 꿈을 이루기 위해 노력하고, 꿈을 이루기도 하고, 실패하기도 한다. 이런 삶이 누군가 행복해지는

데 도움이 되면 참 좋겠다. 또 지금 이렇게 누군가 행복해지기를 바라는 것도 나의 꿈이다. 내 삶은 꿈꾸고, 이루고, 행복해지고, 그러면서 남의 행복을 돕는 여정이다.

초목표는 목표를 가진 여러 장면들을 관통하는 목표라고 했다. 영화나 연극과 마찬가지로 삶의 역할과 장면들을 관통하는 목표도 설정할 수 있다. 인생의 모든 장면들을 관통하는 목표를 '인생 초목표'라고 할 수 있다.

영화의 초목표 : 영화의 모든 역할과 장면을 관통하는 목표

인생의 초목표 : 인생의 모든 역할과 장면을 관통하는 목표

우리는 매일 매 순간 장면을 만든다. 나는 지금 글을 쓰는 장면을 만들고 있다. 노트북 앞에 앉아서 몇 번씩 글을 썼다가 지우는 장면을 반복하고 있다. 이 글을 읽는 당신은 글을 읽는 장면을 만드는 중이다. 그런데 내가 글을 쓰는 장면을 만드는 것과 당신이 글을 읽는 장면을 만드는 데는 궁극적인 목적이 있을 것이다. 각자 인생의 궁극적인 목적이 있기에 지금 이 장면을 만든다, 내게는 글을 쓰는 것 자체가 큰 의미다. 또 하나의 꿈을 이루는 과정이다. 나의 진솔한 스토리를 담아 책으로 소통하는 것이 내 꿈이기 때문이다. 만약 내가

쓴 글을 통해서 남들도 행복해진다면 결국 '인생 초목표'에 더 가까이 가게 된다. 이것이 내가 글을 쓰는 궁극적인 목적이다.

'인생 초목표'는 교육 분야에서 흔히 말하는 '사명', '미션[mission]'과도 같다. 여기서 '사명'이나 '미션'은 '존재 이유'이자 '존재 목적'으로 풀이된다. 개인의 사명 또는 미션은 개인이 존재하는 이유이자 목적이다. 결국 '목표의 목표'라는 뜻의 '초목표'와 같다. '사명', '미션', '초목표'는 궁극적인 목적을 의미한다.

회사나 학교 등 조직의 사명과 미션은 분명히 정해 놓을 수 있다. 조직이 향해 가야 할 초목표가 분명한 것이다. 그러나 개인의 것은 그렇지 않다. 그래서 개인의 '인생 초목표'는 찾아가는 과정 자체로도 의미 있다. 인생의 초목표를 발견하고, 그것을 생각하고 사는 것이 목표 의식이 된다. 목표 의식은 우리를 깨어날 수 있게 돕는다. 그리고 우리가 만드는 장면을 관통하는 궁극적인 '초목표 의식'을 불러일으킨다.

하루의 목표가 있고, 일 주일, 한 달, 1년도 마찬가지다. 우리는 특정 단위로 목표를 세운다. '인생 초목표'의 단위는 일생이다. 삶 전체를 단위로 하는 목표가 인생의 초목표다. 하루, 일 주일, 한 달, 1년의 '목표의 목표'가 '인생 초목표'다. '인생 초목표'의 기한은 죽음이다. 삶이라는 작품의 마지막 장면이 끝날 때 까지 지향하는 목표가 '인생 초목표'다.

어떤 아들로 기억될까?

"엄마~ 보고 있죠?

자랑스러운 아들이 될게요. 사랑해요."

-이태화

2009년 6월 13일, 뮤지컬 동호회 공연을 하면서 팸플릿을 만들었다. 함께 공연했던 사람들이 한 마디씩 남기기로 했다. 비록 아마추어 동호회 무대였지만 어머니께 바치는 첫 공연을 했다.

2009년 5월 27일, 어머니께서 세상을 떠나셨다. 교통사고였다. 그때의 충격이 지금도 쉬이 가시지 않는다. 이 설명할 수 없는 감정은 세상을 떠날 때까지 안고 갈 수밖에 없을 것 같다. 슬픔이라는 단어로 표현하기에는 너무나 복잡한 감정들이 아직 내 안에 있다. 어쩌면 내가 느낄 수 있는 감정의 자리가 좁아서 그런지도 모르겠다. 너무 큰 감정이기에 한 번에 감당하기 어려워서 오랫동안 나눠 느낄 수밖에 없나 보다.

어머니께서 세상을 떠나시기 2년 전에 이미 '사명'에 대해 고민했었다. 그리고 멋지게 '사명서'라는 것도 썼다. 삶을 이렇게 살겠다고 다짐했었다. 삶의 나침반을 만들었다고 자랑스러워했다. 인생의 길을 잃을 때마다 사명서를 펼쳐 봤다. 그런데 어머니께서 떠나시고 나니 사명서에 적힌 말들이 거짓말 같았다. 가식적이고 비겁해 보였다. 그리고 사명서의 다짐대로 살지 못할 때마다 부모님 핑계를 대던 것이 떠올랐다. 어머니께서 떠나시고 나서야 비로소 나와 마주했다. 뭔가 할 수 있던 것을 제대로 하지 못한 느낌이 들었다. 죄를 지은 건 아니지만 죄책감이 들었다. 떳떳하지 못했다. 억울하기도 했다. 어느 때보다 열심히 살고 있는데 엄마는 기회를 주지 않고 가버린 것 같았다. 조금 더 기다려 주지 못하고 떠난 엄마가 원망스러웠다.

평일에는 퇴근 후에 뮤지컬과 연극을 배우러 다녔고, 주말에는 코칭을 했다. 그 해에는 휴가 때 온전히 쉬어 본 기억이 없다. 교육을 듣기 위해서는 휴가를 내야 했기 때문에 휴가는 교육을 듣는 데 다

써버렸다. 어머니가 떠나는 순간, 열심히 달려가던 길 한복판에 털썩 주저앉은 것 같았다. 다리에 힘이 풀렸다. 일어날 기운이 없었다. '조금 더 유능한 코치가 되면 효도할 수 있겠지', '하고 싶은 일을 하면서도 잘 살 수 있다는 것을 보여드려야지.'라는 믿음이 있었다. 힘들 때마다 나를 일으켜 세워 주던 믿음들도 허무해졌다. 장례를 치르고 아무 것도 하지 못했다. 휴가를 내고 며칠을 쉬었다. 그 때 이런 말이 들렸다.

'이제 어떻게 할 거냐? 아주 큰 핑겟거리던 한 사람이 떠났는데 이제는 또 어떤 핑계를 댈 거냐?'

나에게 묻는 소리가 계속 맴돌았다. 어디서 들리는 건지 누가 하는 말인지 설명할 수 없었다. 그러다 서서히 두려워서 도전하지 못했던 내가 보였다. 그런 나를 외면했던 순간들이 스쳐갔다. 무서워서 도전을 피했다. 내가 선택하면서도 남 탓을 했다. 가장 큰 핑계는 부모님이었다. 아무 상관없어 보이는 선택의 순간에도 부모님을 잘 모셔야 하니 어쩔 수 없다는 이유를 댔다. 하고 싶은 일만 해서는 아들 노릇을 못한다고 둘러댔다. 내가 하고 싶은 일을 할 수 없는 모든 이유는 내가 아닌 다른 곳에 있었다. 그런데 어머니가 떠나시고 나니 변명의 절벽 끝에 선 기분이었다. 비겁한 벼랑 밑으로 떨어지고 싶지 않았다. 다시는 온갖 핑계들로 합리화하고 싶지 않았다. 외면했던 비겁한 나를 마주하고도 변함없이 사는 것이 싫었다. 그렇게 사는 모습을 떠올리니 괴로워 미칠 지경이었다.

'이제 어떻게 해야 하나?'

휴가가 끝났지만 여전히 혼란스럽고 어지러웠다. 복잡한 마음을 추스르며 일상으로 돌아왔다. 세상은 아무 일 없었다는 듯 흘러가고 있었다. 그리고 며칠 뒤 나도 아무 일 없었던 듯 일상으로 스며들어야 했다. 이미 계획되어 있던 뮤지컬 동호회 공연도 했다. 앞으로 공연을 올릴 때마다 엄마를 초대하고 싶었다. 첫 무대는 비록 아마추어 무대지만 최선을 다했다. 엄마는 내가 마련한 자리에 계셨을 것 같다. 그 초대석에서 흐뭇하게 내 공연을 보셨을 것이다.

'프로로 무대에 서게 되면, 내 생에 첫 초대권은 어머니께 드려야지.'

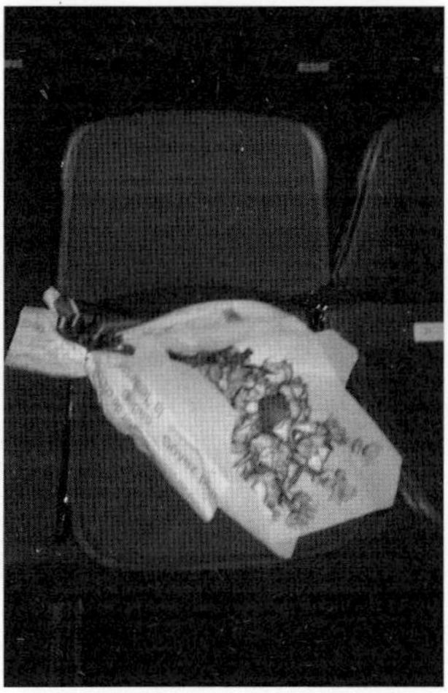

그리고 2년 후 배우로서 프로무대에 데뷔하던 날에 생애 첫 초대권을 어머니께 드렸다. 그 때부터 엄마 초대석을 마련했다. 그 자리에는 많은 것이 담겨 있다. 그리움, 감사함, 죄송함, 나의 다짐들, 내가 공연을 하는 모든 이유가 그 곳에 엄마와 함께 있다.

배우로 무대에 설 때, 코치로 강단에 설 때, 항상 청중들과 마주한다. 배우와 코치로서 하는 행위는 다르지만 목적은 같다. 그 목적이 곧 인생 초목표이자 사명이다. 꿈꾸는 일을 하면서 남도 행복하게 할 수 있다면 좋겠다. 그 일이 연기든, 노래든, 강의든, 코칭이든 상관없다. 삶의 장면을 그렇게 채우고 싶다. 그런 장면들로 편집해 가고 싶다. 인생의 초목표를 발견하고 나서야 진짜로 이루고 싶은 목표들이 생겼다. 전체 장면을 관통하는 목표가 설정되면서 한 장면, 한 장면의 목표가 보이기 시작했다.

역할 목표 & 인생 초목표

인생 초목표는 인생의 모든 역할과 장면을 관통하는 목표다. 우리는 역할에 따라 여러 장면을 만든다. 아들이나 딸로서 가정이라는 무대에 오른다. 직장인으로서 일터라는 무대에서 일하는 장면을 만든다. 친구라는 역할은 놀이터에서, 학생이라는 역할은 학교에서 수많은 장면을 만든다. 인생 초목표는 역할로서 만드는 모든 장면들의 '목표의 목표'다.

인생 초목표를 단번에 찾기 어렵다면 먼저 역할별 목표를 생각해 볼 수 있다. 누구나 어떤 삶을 살고 싶다는 욕망이 있지만 쉽게 표현하고 정리하는 것은 어렵다. 그래서 역할 목표를 먼저 설정하고, 모든 역할 목표를 관통하는 인생 초목표를 설정할 수 있다.

역할 목표는 역할의 끝을 생각하는 것으로 시작한다. 모든 역할은 끝이 있다. 인생에서 맡고 있는 역할들이 끝날 무렵 어떤 사람으로 기억되고 싶은가? 자식이라는 역할은 대부분 부모님이 돌아가실 때 끝난다. 학생이라는 역할은 졸업하면 끝이고, 직장인도 은퇴하면 끝이다. 어떤 끝을 원하는가? 역할이 끝날 때 어떤 사람으로 기억되고 싶은가? 어떤 아들로, 어떤 딸로, 어떤 학생으로, 어떤 친구로, 어떤 직장 동료로 기억되고 싶은가?

역할별 목표는 역할로서 만드는 수많은 장면의 목표로 확장된다. 자랑스러운 아들이 되는 것이 목표라면 아들로서 만드는 모든 장면의 목표가 자랑스러운 아들이 되기 위한 것으로 확장된다. 자랑스러운 아들이 되기 위해서 어떻게 말하고 행동해야 할지 구체적인 계획이 생긴다. 함께 하는 시간이 재미있고 의미 있는 친구가 되는 것이 목표라면 친구로서 만드는 모든 장면의 목표가 재미있고, 의미 있는 시간을 만드는 것으로 확장된다. 친구로서 함께 하는 시간을 재미있고 의미 있게 만들기 위해서 어떻게 말하고 행동해야 할지 구체적인 계획이 생긴다. 이처럼 역할 목표를 설정하고 역할로서 어떤 사람이 되고 싶은지 고민하다 보면 그래서 결국 어떤 사람이 되고 싶은지 알 수 있다. 인생 초목표는 역할로서 만드는 장면들을 관통하는 상위 목표를 의미한다. 역할별 목표의 목표다. 인생 초목표는 결국 어떤 사람이 되고 싶고, 어떤 인생을 살고 싶은가에 대한 답이다. 그리고 어떻게 죽고 싶은가에 대한 답이다.

인생 초목표가 설정되면 앞으로 어떤 역할을 만들어야 할지, 어떤 역할을 끝내야 할지도 알게 된다. 역할 목표로부터 인생 초목표를 찾았지만 결국 인생 초목표를 기준으로 역할 목표가 수정될 수 있다. 당신은 어떤 삶을 살고 싶고, 어떤 사람으로 기억되고 싶은가? 그래서 어떤 장면을 만들고 싶은가?

스토리보드를 그려라

꿈꾸는 사람만 기적을 경험한다

전지현과 함께 화보 촬영하는 꿈을 꿨다. 그때도 전지현 씨는 별에서 온 여신이었다. 그녀와 화보 촬영을 꿈꾸는 것은 이상한 일이 아니었다. 정말 꿈만 같은 꿈이다. 꿈의 목록을 미니홈피 게시판에 올렸다.

다음은 나의 〈Dream List〉이다.

1. Coaching-Actor (뮤지컬 배우 겸 코치)
2. 기타, 드럼, 피아노 연주하면서 노래할 수 있는 정도까지
3. 가장 잘 다루고 싶은 악기는 내 목소리. 노래로 나를 찾기
4. 30세 내 생일 선물 - 내 힘으로 원룸 오피스텔로 독립
5. 40세 내 생일 선물 - 벤츠 뉴S클래스를 받는다.

6. 50세 내 생일 선물 - 그 동안 나의 글과 그림으로 책을 낸다.

7. 60세 내 생일 선물 - 동해가 내려다보이는 곳에 별장을 짓는다.

8. 전지현과 함께 화보 촬영을 한다.

9. 가수 박기영과 듀엣 곡을 부른다.

10. 넥스트와 같은 무대에 선다.

11. 뮤지컬 배우로 세종문화회관에 선다.

12. 33~35세 사이에 평생 사랑할 사람과 결혼한다.

13. 40세까지 허리 30인치를 유지한다. 그 이후에도 32인치 미만.

14. 잉글랜드 프리미어리그 맨유, 첼시 경기를 직접 관람한다.

15. 한양대 응원단의 가장 영향력 있고 존경 받는 선배가 된다.

16. 결혼식 날 밴드 공연으로 축하 공연을 한다.

17. 한양대 응원단 밴드 자선 공연으로 1명의 학생에게라도 장학금을 준다.

18. 지금까지 나에게 은혜를 베푼 사람들에게 찾아가 감사의 표시를 전한다.

19. 할머니, 어머니와 여행을 간다.

20. 아버지와 한라산 등산을 한다.

21. 한양 코칭 센터 소장. 한양대학교 상담 센터를 코칭 센터로 새롭게 단장한다.

22. 한양 가요제 MC를 본다.

23. 대학 가요제 축하 공연을 한다.

24. 한국리더십센터 전문 교수

25. CheerLeadership Center CEO

26. 존경받는 아버지, 영원히 사랑받는 남편이 된다.

27. 자랑스러운 한양인, 자랑스러운 한국인으로 기억된다.

28. 연예인 전문 라이프 코치. 그들이 더 이상 스스로 생을 포기하지 않을 수 있도록 돕는다.

29. 방황하는 사람들이 나로 인해 조금이라도 행복한 삶을 살 수 있도록 돕는다.

30. 더 이상 神에 대해 논쟁하지 않고 다투지 않도록 돕는다. 종교를 초월한 참된 신앙을 갖는다.

31. 소극장을 갖고 공연할 공간이 없는 학생들에게 무료로 대관해 준다.

32. 한국 코칭 센터, 한국 코치 협회, ICF Korea, CTI Korea 코칭 홍보 대사.

33. You can do it! 뮤지컬 창작, 연출, 주연.

34. 태화의 다이어리, 이하나의 페퍼민트 후속 프로그램 MC

35. 이 모든 것들로부터 자유로워진다.

Dream List 주소복사

이태화 2008.12.03 20:05 스크랩 0

Home
Profile
Board
Setting

1. Coach-Actor (뮤지컬배우 겸 코치)
2. 기타, 드럼 + 피아노. 연주하면서 노래할 수 있는 정도까지.
3. 가장 잘 다루고 싶은 악기는 내 목소리. 노래로 나를 찾기.
4. 30세 내 생일 선물 - 내 힘으로 원룸 오피스텔로 독립.
5. 40세 내 생일 선물 - 벤츠 뉴S클래스를 받는다. 벤츠가 나에게 협찬하는 기회를 놓치면 그건 벤츠 마케팅 역사상 가장 큰 실수가 될 것이다.
5. 50세 내 생일 선물 - 그 동안 나의 글과 그림으로 책을 낸다.
6. 60세 내 생일 선물 - 동해가 내려다 보이는 곳에 별장을 짓는다. 물론 내가 직접 설계한다.
6. 전지현과 함께 화보 촬영을 한다^^
7. 가수 박기영과 듀엣곡을 부른다^^
8. 넥스트와 같은 무대에 선다^^
9. 뮤지컬 배우로 세종문화회관에 선다.
10. 33~35세 사이에 평생 사랑할 사람과 결혼한다.
11. 40세까지 허리 30인치를 유지한다. 그 이후에도 32인치 미만.
12. 잉글랜드 프리미어리그 맨유,첼시 전을 직접 관람한다.
13. RH.의 가장 영향력 있고 존경받는 선배가 된다.
14. 결혼식날 밴드공연으로 축하공연을 한다.
15. RH.밴드 자선공연으로 1명의 학생에게라도 장학금을 준다.
16. 지금까지 나에게 은혜를 베푼 사람들에게 찾아가 감사의 표시를 전한다.
17. 할머니, 어머니와 여행을 간다.
18. 아버지와 한라산 등산을 한다.
19. 한양코칭센터 소장. 한양대학교 상담센터를 코칭센터로 새롭게 단장한다.
20. 한양가요제 MC를 본다.(한양가요제 여자 MC는 보통 한양대학교 출신 여배우다^^)
21. 대학가요제 축하공연을 한다.
22. 한국리더십센터 전문교수
23. CheerLeadership Center CEO
24. 존경받는 아버지, 영원히 사랑받는 남편이 된다.
25. 자랑스러운 한양인, 자랑스러운 한국인으로 기억된다.
26. 연예인 전문 라이프코치. 그 들이 더 이상 스스로 생을 포기하지 않을 수 있도록 돕는다.
27. 방황하는 사람들이 나로 인해 조금이라도 행복한 삶을 살 수 있도록 돕는다.
28. 더 이상 神에 대해 논쟁하지 않고 다투지 않도록 돕는다. 종교를 초월한 참된 신앙을 갖는다.
29. 소극장을 갖고 공연할 공간이 없는 학생들에게 무료로 대관해준다.
30. 한국코칭센터, 한국코치협회, ICF Korea, CTI Korea 코칭 홍보대사.
31. You can do it! 뮤지컬 창작, 연출, 주연.
32. 태화의 다이어리, 이하나의 패퍼민트 후속 프로그램 MC
33. 이 모든 것들로 부터 자유로워 진다.

실제 업로드 때는 실수로 같은 번호가 중복되었다.

리더십 교육을 받을 때 〈Dream List〉를 작성하는 시간이 있었다. 1번 목록에 '뮤지컬 배우 겸 코치'라고 적었다. 건축과 학생이 뮤지컬 배우? 다들 의아해했다. 비웃는 사람도 있었고, 영혼은 1도 없던 응원도 기억 난다. 그리고 정확히 4년 후, 코치로 활동하면서 뮤지컬 무대에 올랐다. 1번 꿈이 이뤄졌다. 뮤지컬 배우가 되고 나서도 내가 세종문화회관 같은 큰 무대에 설 수 있을 거라고 생각지 못했다. 그런데 뮤지컬 〈곤, 더 버스커〉 공연을 세종문화회관에서 했다. 공연 기획팀이 세종문화회관을 대관한 것은 나의 의지와는 별개였지만 우연히 또 하나의 꿈이 이뤄지는 순간이었다. 지금 보면 손발이 오그라들 정도로 민망한 것도 있다. 내가 쓴 게 맞나 싶을 정도로 믿기지 않는 것도 있다. 어떤 상태로 적었는지 기억나지 않지만 꿈은 제대로 꾼 것 같다. 저 꿈들이 실현된다면 그건 정말 내 인생의 명장면이 될 것 같다. 그리고 몇몇 꿈은 정말 인생 명장면으로 남았다.

이루지 못할 꿈을 꾸는 것은 불행하다는 사람도 있다. 꿈은 꾸라고 있는 것이 아니라 이루라고 있는 것이라는 사람도 있다. 그런가? 꿈도 내 맘대로 못 꾸는 세상이 된 건가? 청소년 강의 중에 '꿈이 없는 사람'은 손들어 보라고 하면 꽤 많은 학생이 손을 든다. 그나마 있다고 하는 학생들도 꿈이 뭐냐고 물으면 장래 직업을 이야기하는 경우가 많다. 언젠가부터 꿈과 직업이 같은 말이 된 것 같다. '꿈'이란 단어가 왜 이토록 버거울까? 꿈을 꾸는 것은 모든 인간이 공평하게 누릴 수 있는 특권이다. 이루기 힘든 꿈을 꾼다고 해서 잘못된 것은 아니다. 실현 가능한 꿈만 꿔야 한다면 그건 꿈을 꾸는 게 아니다. 거기에는 꿈이라는 단어가 어울리지 않는다. 꿈은 꾸는 순간 행복한 것만으로도 의미 있다. 적어도 꿈을 꾸는 시간 동안은 행복했으니까 꿈을 꾸지 않은 것보다 낫다. 마음껏 꿈꿔서 행복했다면 인생에 행복한 한 장면을 남긴 셈이다. 꿈을 이루지 못하더라도 괜찮다. 꾸는 꿈마다 반드시 이뤄야 하는 것도 아니다. 모든 꿈이 이뤄지지는 않는다. 그러나 꿈을 꾸고, 노력하면, 이뤄지기도 한다. 그게 꿈의 매력이다. 꿈은 꿈만같이 이뤄진다. 꿈이 이상적인 희망이라면, 비전은 꿈에 '가능성'이라는 생명을 불어 넣은 것이다. 꿈이라는 스케치에, 비전이라는 색이 칠해진다. 꿈이 선명한 비전이 되면 인생 명장면이 만들어진다. 인생 명장면들이 많아질수록 인생 초목표에 더 가까이 갈 수 있다.

건물 말고 사람 세우는 일 하고 싶습니다

"너 다단계 빠졌지?"

순간 멈칫했다. 어떻게 설명해야 할지 몰랐다. 통화 중에 좋은 강의를 들었다고 했더니 아버지께서 대뜸 하신 말씀이었다. 리더십 교육을 듣고 흠뻑 빠졌는데 막상 어떤 교육이라고 설명하는 것이 쉽지 않았다. 만나 뵙고 말씀드려야 할 것 같아서 아버지를 뵈러 갔다. 식사를 하면서 소주 한 병을 시켰다. 본론으로 바로 들어가는 것이 어색해서 이런저런 이야기를 했다. 소주 몇 잔이 오가고 나서야 말씀드렸다. 4년 동안 공부한 건축 일을 하지 않겠다고 했다. 리더십 강의를 하고 싶다고 했다. 마음이 불편하신 듯했다. 힘들게 대학교까지 공부하도록 도우셨는데 전공을 살리지 않는 것이 언짢으셨던 것 같았다. 내가 다른 진로를 고민하는 것이 당신의 부족함 때문인 걸로 오해하시기도 했다.

"건축 일이 힘드냐?"

"아니요. 그런 건 아니고요."

"그럼 왜 건축 일을 안 하려고 하는 거냐?"

"……."

뭐라고 드릴 말씀이 없었다. 속상해하시는 모습에 나도 속상했다. 어떻게 설명 드려야 할지 몰라 답답했다. 또 몇 잔을 별말 없이 비웠다. 침묵이 흘렀다. 어색함을 달래 보려고 다시 잔을 채워 드렸다. 그러다 갑자기 번뜩했다. 찰나에 떠오른 생각이지만 왠지 모를 확신이 느껴졌다. 그리고 말씀드렸다.

"저는 건물 세우는 일보다 사람 세우는 일을 하고 싶습니다."

아버지께서는 아무 말씀 없이 혼자 잔을 비우셨다. 그리고 말씀하셨다.

"니 인생이니 니가 알아서 살아라."

그날부터 아버지께서는 나의 선택들에 개입하지 않으셨다. 드디어 사람 세우는 일을 하기 위해 교육 회사로 이직했다. KCC에서 KLC로, 회사 이름은 중간에 알파벳 하나만 바뀌었는데 삶에는 많은 변화가 생겼다. 일단 연봉이 1300만원 줄었다. 이직 이야기를 들은 선배들은 어이없어 하셨다. 재벌 집 아들도 아닌 놈이 왜 그런 선택을 하냐고 했다. 20대에 꿈을 좇다 보면 30대에는 돈이 좇아올 거라는 말을 믿고 싶었다. 더 늦기 전에 꿈을 좇아 보고 싶었다. 언젠가 돈이 좇아오겠지 하는 막연한 기대도 했지만, 그 기대보다 도전에 의미가 있었다. 지금의 도전이 따라올 돈보다 값진 것이라고 확신했다.

어느 날 응원단 후배들에게 연락이 왔다. 〈대학 내일〉이라는 신문에서 나의 기사를 봤다고 했다. 몇 번의 이직을 통해서 하고 싶은 일을 찾은 스토리가 〈대학 내일〉에 실렸다. 지하철에서 우연히 보고,

'꺅!' 소리를 지를 뻔했다는 후배도 있었다. 멋있다는 말을 전했다. 진로에 대해 고민하고 있던 순간에 힘이 되었다고 했다. 그때 받은 몇 통의 연락으로 나의 확신은 더 강해졌다. 돈을 많이 벌어서 폼 나게 한턱 쏘는 것이 아니더라도 긍정적인 영향력을 끼칠 수 있다는 것도 깨달았다. 건축도 재미있었지만 리더십과 코칭이 더 재미있었다. 전공과 다른 일을 다시 배운다는 것이 막막하기도 했지만 설레기도 했다. 그때부터 '건물 세우는 사람'이 아닌 '사람 세우는 사람'으로 살고 싶었다. 사람 세우는 리더십 코치로서 내 삶의 장면들을 만들고 싶었다.

다음은 〈대학 내일〉에 실린 '파란만장 취업일기'의 인터뷰 기사이다.

"당신의 성공을 돕습니다."

"건물 세우는 일보다는 사람 세우는 일을 하고 싶습니다." 잘 다니던 대기업을 그만 두고 리더십 강사가 된다고 했을 때, 아버지께서는 강력하게 반대하셨다. 그때 태화 씨가 아버지를 설득하기 위해 꺼낸 말이 바로 저 한 마디였다. 건축과를 나와서 평탄한 인생을 살던 태화 씨가 이름도 생소한 리더십 분야로 진출한 계기가 무엇이었을까? 이야기는 10년 전으로 거슬러 올라간다.

무대가 나를 불렀다

어렸을 때부터 무대에 대한 동경을 가지고 있던 태화 씨는 대학 입시를 치르고 연극영화과와 건축학과를 놓고 고민에 빠졌다. 주변의 기대들, 무엇보다 부모님을 설득할 자신이 없던 태화 씨는 결국 아쉽지만 건축학과로 진로를 택했다. 하지만 타고난 끼는 떨칠 수가 없었다. 무대에 대한 열망은 그를 응원단으로 이끌었고, 그곳에서 새로운 길을 발견하게 됐다. 단장을 맡으면서 관객들과 소통하고 단원들의 분위기를 이끌어야 했다. 그는 자연스럽게 리더십의 필요성을 느꼈다. 그렇게 리더십에 관련된 정보를 수집하던 중 우연히 한국리더십센터가 주관하는 '리더십 장학생'으로 리더십 프로그램을 체험하기에 이른다.

"그 때부터 꾸준히 '성공하는 사람들의 7가지 습관'을 비롯한 리더십 관련 특강과 프로그램을 찾아다니며 본격적인 공부를 했어요. 순수한 열정 덕에 본의 아닌 눈도장을 찍었던 것 같아요."

졸업 후 그는 남들처럼 전공을 살려 대기업에 입사했다. "성공했네.", "연봉도 많고 좋겠네." 친구들과 주위 사람들의 부러운 시선에 잠시 우쭐하긴 했지만, 막상 그는 즐겁지 않았다. 더 볼 것도 없었다. 하고 싶은 것을 해야겠다 싶어 과감히 퇴사를 결정했다.

행복할 수 있다는 희망을 주는 사람인 지금

얼마 후, 드디어 한국리더십센터에서 함께 일 해보지 않겠냐고 전화가 걸려왔다. 대답은 당연히 '예스'. 그 때부터 그는 센터의 리더십 프로그램에 대한 마케팅을 담당하고 있다. 강사 섭외부터 수강생 사후 관리까지, 프로그램 전반에 관한 것이 그의 업무다. 처음엔 전문 용어와 관련 지식을 배우는 것이 어렵기도 했지만, 건축물을 설계하고 구상했던 지난 4년간의 경험이 프로그램을 기획하는 업무에 도움이 됐다. 또 다른 중요한 임무는 '코칭'이다. 한국리더십센터 인턴과 일반 학생들에게 리더십과 진로에 대해 조언을 해주며 '멘토'가 되어 주는 것이다.

"특히 학생들과 만나는 시간이 보람돼요. 학생들이 '꿈을 확실히 찾았어요!', '자신감이 생겨요.', '행복해질 수 있을 것 같아요.'라는 말을 할 때면 더 열심히 해야겠다는 생각이 들죠."

실제로 그는 지금도 코칭 관련 특강은 빠짐없이 참관하고 있다고 했다. 코칭을 하면서 기억에 남는 에피소드도 많을 듯했다. 하지만 의뢰인과의 이야기는 절대 발설 금지라며 한사코 이야기를 들려주길 거부했다. 대신 그는 인터뷰가 있던 날 인턴들을 집단으로 코칭하는 모습을 일부 공개했다. 자상한 선배인 동시에 따뜻한 코치 역할까지 하는 태화 씨의 얼굴에는 피곤한 기색은 커녕 보람이 가득 묻어났다.

코칭이 끝난 후에도 질문을 이어가는 인턴들의 모습에서 그에 대한 신뢰를 엿볼 수 있었다.

나의 꿈은 리더십 뮤지컬 주연배우

태화 씨에게 꿈에 대해 물었다. 그는 질문이 끝나기도 전에 짧았지만 분명하게 답했다. "회사에서 직원들의 꿈과 비전을 응원하는 분위기라서 연극영화과를 지망했던 꿈을 접지 않고, 비전으로 세울 수 있었어요." 남에게 꿈을 세우라고 말할 수 있는 당당함이 여기에서 나오는 듯했다. 무엇보다 그는 '나는 할 수 있다.'는 믿음이 확고했다.

"아마 10년 뒤쯤은 리더십 뮤지컬을 제작하고, 직접 주연도 하면서 제 인생을 다른 이들과 나누며 프리랜서 코치로 활동하고 있겠죠. 자신 있어요."

비전보드를 그려라

"아무리 짧고 아무리 작은 소품의 영화라고 할지라도 우리에게 아름다운 음악을 들려 주기 위해 작곡가가 음표 그리는 것과 같이 영화의 모든 것을 미리 그려 둬야 한다."

– 알프레드 히치콕(Alfred Hitchcock)

알프레드 히치콕 감독은 영화 역사상 가장 위대한 편집자로 평가된다. 그의 대본은 전설적이라고 할 만큼 정확한 편집이 계산되어 있었다. 영화 〈기생충〉의 봉준호 감독 역시 히치콕 감독만큼이나 디테일한 준비로 유명하다. 오죽하면 별명이 봉테일이겠는가. 특히 봉준호 감독은 스토리보드로도 유명하다. 그의 영화는 스토리보드와 크게 다르지 않다고 직접 이야기할 정도다.

영화의 주요 장면을 그림이나 사진 등으로 정리한 계획표를 스토리보드story board라고 한다. '촬영할 이야기story를 보는 사람이 이해하기 쉽게 그림으로 그려 정리한 판board'이라는 뜻이다. 스토리보드는 앞으로 완성해야 할 장면과 최대한 비슷한 모습을 미리 보여 준다.

영화 <기생충> 스토리보드

영화 연출에 스토리보드가 있어야 하는 것처럼 인생 연출에도 스토리보드가 필요하다. 스토리보드에는 어떤 장면을 그려야 할까? '초목표'가 '사명' 또는 '미션Mission'에 가깝다면, 초목표를 이루기 위해서 꿈꾸는 장면이 '비전vision'이다. 비전은 초목표를 달성하기 위해 우리가 만들고 싶은 장면이다. 사명을 다하기 위해 구체적으로 하고 싶은 것들이다. '우리가 존재하는 궁극적인 목적을 다하기 위해서 무엇을 이루고 싶은가?'의 답이자 생생한 이미지다. 인생의 스토리보드에는 비전이 그려져야 한다.

인생에서 만드는 장면이 초목표와 비전으로 조화롭게 편집될 때 삶은 아름다운 예술이 된다. 이것이 '인생 초목표'와 '비전'의 힘이다. '비전 보드vision board'는 이루고 싶은 비전vision을 미리 그려서 정리한 판board이다. 비전 보드는 콜라주 형식으로 작업할 수 있다. 인생 초목표를 달성하기 위해서 구체적으로 이루고 싶은 비전을 이미지로 정리하는 것이다.

비전 보드는 기억 전략memorial strategy 중 하나인 '심상법'을 활용한 초목표 달성 전략이다. '심상imagery'이란 기억을 위해 마음속에 형성하는 상을 말한다. 즉 개인이 특정 인물이나 대상에 대해 마음속에서 그리는 표상, 영상이다. 심상법은 심상을 이용하여 잘 기억할 수 있는 방법이다. 인간은 문자보다 그림을 더 잘 기억한다. 비전 보드는 그림을 활용해서 우리가 원하는 장면을 더 잘 기억하기 위한 도구다. 미래의 예고편이자 미리 보는 명장면 모음collage, 콜라주이다. 인생 초목표를 달성한 생생한 장면을 미리 보기로 작업한 판이다.

올해 12월 31일에 당신은 한 해를 돌아볼 것이다.

'한 해 동안 무엇을 이루었다면 행복하다고 느낄까?'

'어떤 장면이 만들어지면 'NG'가 아닌 'OK'를 외칠까?'

'삶을 관통하는 인생 초목표를 위해 어떤 장면이 필요할까?'

무대로 이끌어라

감독의 리더십

뮤지컬 〈지킬앤하이드Jekyll & Hyde〉의 한 장면이다.

하이드: 시끄러워 죽겠구만, 뭐라 지껄여! 가소로워! 승리한다고? 듣다 보니 안쓰러워. 니가 불쌍해. 넌 나를 못 벗어나. 절대!

지킬: 천만에! 넌 단지 거울 속 허상, 눈 감으면 사라질 신기루.

하이드: 그럴까? 난 니 안에, 니 속에, 끝까지 존재해.

지킬: 천만에 넌 단지 벗어날 악몽, 햇빛에 불타서 없어질, 이 밤이 지나면 산산히 깨질….

하이드: 개소리 말아! 이건 꿈이 아니야 절대로! 나는 너를 위해 있어. 착각하지 마. 니가 죽어도 나는 살아.

지킬: 천만에! 착각은 오히려 너야! 니 생명 내 손에 걸렸어.

하이드: 넌 결코 날 죽여 없앨 수 없어. 날마다 넌 나를 숭배해!

지킬: 맹세코, 결단코, 그렇지 않아! 난 너를 경멸해 저주해. 난 너를 죽이고 웃음지을 테다!

'대결Confrontation'이라는 노래에서 '지킬'과 '하이드'가 나누는 대화다. '하이드'는 '지킬'과 대립하는 인물이다. 하이드는 지킬과 다른 사람인 것 같지만 다른 사람이 아니다. 내면의 또 다른 자신이다. 당연히 공연에서도 한 명의 배우가 지킬과 하이드를 모두 연기한다. 특히 이 장면에서는 지킬과 하이드로 말하기를 수차례 반복해야 한다. 갈등하는 두 인격의 모습을 소름 돋는 연출로 완성한 명곡, 명장면이다.

뮤지컬 〈지킬앤하이드〉에서 대중적으로 더 널리 알려진 곡은 '지금 이 순간This is the Moment'이다. 지킬은 인간의 선악을 인위적으로 통제할 수 있을 거라고 믿고 약을 개발하려고 한다. 하지만 임상 실험에 어려움을 겪고 연구를 진행할 수 없게 되자 결국 자신을 대상으로 실험을 하게 된다. '지금 이 순간'은 실험 직전에 부르는 결의에 찬 노래다. 지킬은 자신의 모든 것, 육신과 영혼을 다 걸고 생체 실험을 한다. 그때 그 순간 하이드가 깨어난다. 부작용으로 만들어진 새로운 인격이 하이드다. 지킬은 인간의 선을 상징하고 하이드는 악을 상징한다. 지킬과 하이드는 '대결Confrontation'이라는 곡을 부르기까지 삶의 주인 자리를 놓고 처절하게 싸운다. 하이드의 출현은 다른 사람의 목숨까지 위태롭게 만들지만 지킬은 하이드를 통제하지 못한다. 결국 스스로 목숨을 끊지 않으면 내면의 싸움을 끝낼 수 없다는 것을 알고 지킬은 죽음을 선택한다. 지킬의 죽음은 곧 하이드의 죽음이며, 지킬과 하이드 대결의 끝이다. 그리고 대결의 끝은 공연의 끝을 알린다. 자기 안의 두 사람이 영원히 화해하지 못한 비극적이고, 안타까운 결말이다.

우리 안에도 두 명의 내가 있다. 이 둘은 각자 자신이 '원래의 나', 또는 '나다운 나'라면서 마치 지킬과 하이드처럼 싸운다. '세상'이라는 무대 위에서 우리가 만드는 삶은 뮤지컬 〈지킬앤하이드〉처럼 비극이 되어서는 안 된다. 해피엔딩을 위해서 삶의 역할을 연기하는 '배우로서의 나'를 보고 'OK!'를 외칠 수 있는 힘이 필요하다. 내가 나를 이끄는 힘, 감독의 리더십이 절실하다.

'리더십leadership'은 이끄는lead 사람-er의 능력, 특질, 기술-ship이다. 특히 인생 감독으로서의 리더십은 감독으로서의 내가 배우로서의 나를 이끄는 힘이다. '세상'이라는 무대 위에서 '삶'을 공연하는 우리는 배우인 동시에 감독이다. 배우로서 연기하는 동시에 감독으로서 연출한다. '세상'이라는 무대 위에서 어떤 역할을 하고, 어떤 연기를 펼칠 것인지, 그래서 어떤 장면을 만들 것인지 스스로 선택할 수 있다.

어떤 생각을 하고, 어떤 말을 하고, 어떤 행동을 할 것인지 결정한다. 내가 나를 이끄는 주체이며, 스스로 이끌 수 있는 힘을 갖고 있다. 나를 이끄는 리더는 나다. 감독으로서의 내가 배우로서의 나를 이끈다. 감독의 리더십은 내가 나를 이끄는 셀프리더십Self-leadership이다.

나는 플레잉 코치다

선수로 뛰면서 코칭도 하는 사람을 플레잉 코치playing coach라고 한다. 감독으로서의 나는 배우로서의 나를 이끄는 플레잉 코치다. 감독으로서의 내가 배우로서의 나를 이끄는 셀프리더십은 코칭으로 실현된다. 코칭은 스포츠 분야뿐만 아니라 기업 경영, 진로 지도 등 삶 전반에서 발휘할 수 있는 유용한 도구다.

'코치'는 헝가리의 도시 코치Kocs에서 개발된 마차에서 나온 말이다. 말 네 마리가 끄는 마차는 코치kocsi 또는 코트드지kotdzi라고 불렸다. 전 유럽으로 퍼진 이 마차를 영국에서는 코치coach라고 했다. 그래서 마부를 코치맨coachman이라고도 한다. 마차coach는 현재 승객이 있는 지점에서 출발해서 원하는 목적지까지 데려가 주는 개별 서비스이다. 이에 반해 기차train는 집단 서비스다. 집체 교육을 의미하는 트레이닝training은 기차train가 어원이다. 기차는 마차와 다르게 승객이 역까지 가서 승차한 후에 다른 사람들과 같은 속도, 같은 경로로 미리 정해진 역에서 하차해야 한다. 지금도 영국이나 호주에서는 셔틀버스를 코치라고 부른다. 일반 버스는 기차와 같은 집단 서비스로 이용되고, 셔틀버스나 택시는 과거의 마차처럼 이용되고 있다. 이렇듯 코치는 승객이 마차를 타고 목적지에 가듯이 코칭 받는 사람이 원하는 것을 이루도록 돕는 사람이다.

주로 스포츠 분야에서 쓰이던 코칭은 1970년대에 다양한 분야로 확산된다. 여기에 큰 영향을 끼쳤던 사람 중에 한 명이 테니스 코치였던 티머시 골웨이Timothy Gallway다. 그는 테니스를 가르치면서 선수에게 상세한 지시를 하는 것보다 스스로 내면에 집중하도록 도와주는 것이 더 효과적이라는 것을 발견했다. 『테니스의 이너게임The inner game of tennis』이라는 책에서 이 방식을 소개했고, 직장 내 어려움을 해결하는 데도 잘 통한다는 사실이 알려지면서 기업에도 알려졌다. 티머시 골웨이의 제자 존 휘트모어John Whitmore는 이너게임 접근법을 유럽에 소개했고, 덕분에 코칭은 더욱 널리 퍼지게 되었다. 존 휘트모어는 1995년 『성과 향상을 위한 코칭Coaching for Performance』 출판부터 2017년 세상을 떠날 때까지 지금의 코칭을 알리는데 크게 기여한 사람 중 한 명이다.

감독으로서의 내가 배우로서의 나를 코칭한다는 것은 내가 원하는 것을 이루도록 돕는 것이다. 이래라저래라 지시하는 것이 아니라 내면에 집중하도록 도와주는 일이다. 코칭은 미래지향적이다. 지금 이 순간까지 어떻게 살았는지도 중요하지만 하지만 지금 이 순간 이후로 어떻게 살지가 더 중요하다. 감독으로서의 나는 배우로서의 나에게 질문한다. 미래에 무엇을 원하는지, 그래서 지금 이 순간 최선이 무엇인지, 무엇을 할 것인지 묻는다. 그리고 대답을 경청한다. 나의 이야기를 내가 들어 준다. 배우로서의 나를 있는 그대로 수용하고, 인정acknowledgement한다. 코치는 모든 사람에게 무한한 가능성이 있다고 믿는다. 그 가능성으로 스스로 답을 찾을 수 있다고 믿는다. 감독으로서의 나는 배우로서의 나를 믿는다. 아무도 나를 믿어 주지 않을 때에도 유일하게 믿어 주는 존재다. 그래서 어떤 생각을 하고, 어떤 말을 하고, 어떤 행동을 할 것인지 스스로 선택할 수 있도록 믿고 기다려 준다. 감독으로서의 나는 위대한 코치다.

공연이 리허설이다

공연을 앞두고 마치 실제 공연처럼 하는 연습을 리허설rehearsal이라고 한다. 인생이라는 공연은 어떨까? 언제가 실제 공연이고 언제가 리허설일까? 과거는 리허설로 기억되지만 모든 현재는 실전이다. 인생이라는 공연은 공연 자체가 리허설이고, 리허설이 곧 공연이다 인생 초목표와 비전을 만들었다면 이제 무대에 올라야 한다. 세상으로 나아가야 한다. 인생 초목표를 조금 더 완벽하게 설정하고 싶을 수도 있다. 비전을 조금 더 꼼꼼하게 그리고 싶을 수도 있다. 설사 그렇다고 해도 더더욱 무대에 올라야 한다. 완벽한 준비는 없다. 세상의 어떤 공연도 그렇게 만들어지지 않았다. 어떤 배우의 연기도 완벽하지 않다. 무대에 오르는 것이 준비다. 무대에 올랐다가 내려오면 인생 초목표가 조금 더 완벽해질 것이다. 비전이 더 명확해질 것이다. 실전이 연습이다. 공연이 리허설이다.

지금은 '소대'에 서 있는 순간이다. 무대 옆에 마련된 공간을 소대라고 한다. 무대에 오르기 직전에 머무는 공간이다. 객석에서는 보이지 않아서 배우들이 등장하기 전에 대기하는 곳으로도 쓰인다. 소대는 신비로운 공간이다. 가장 떨리는 순간에 가장 짧게 머문다. 극장의 그 어느 곳보다 가장 어두운 공간이다. 소대에서 머무는 시간은 한 페이지에서 다음 페이지로 넘어가기 위해서 책장을 넘기는 순간과 같다. 채널이 바뀌는 순간의 검은 화면 같다. 다른 곳을 보기 위해서 고개를 돌리는 순간이며 눈을 깜빡이는 찰나다. 어떻게 지나갔는지 의식하기 힘들고, 기억이 잘 나지 않는 장면이지만 엄연히 존재한다. 무대에 서 본 사람들은 소대에서의 느낌을 온몸으로 기억한다. 두려우면서 설레고 흥분되지만 차분해지는 순간이다. 다짐이 실천으로 변하는 순간이고, 생각이 행동으로 변하는 순간이다. 이제 인생 초목표를 실현하기 위해서 무대로 올라가 행동할 시간이다.

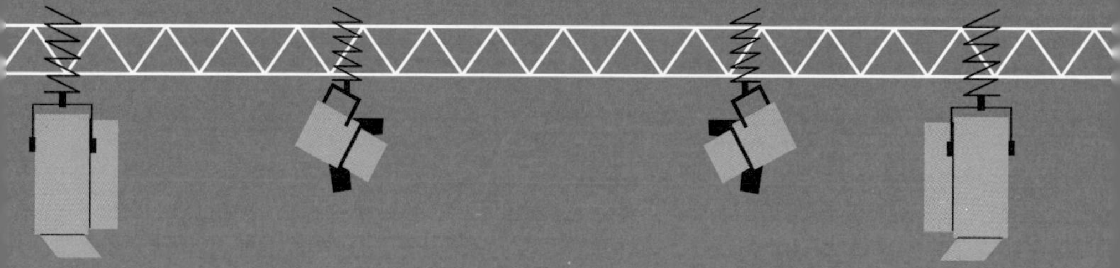

무대 위에서

1인 다역을 연기하라

1인 7역

회사원

음식점 사장

방송국 신입사원

마임 아티스트

공무원

성우

MC

뮤지컬 〈곤, 더 버스커〉 첫 시즌에서 내가 맡았던 역할들이다. 방송국 신입사원, 마임 아티스트, MC 역할로는 한 번의 공연에 두 번 이상 등장했다. 옷을 갈아입은 횟수는 10차례가 넘었다. 암전 상태에서 소품을 정리하고 무대 전환을 돕는 것까지 포함하면 쉬는 시간 없이 무대에 오른 셈이다. 관객들은 몰랐겠지만 참 바쁜 공연이었다. 이른바 '멀티' 역할로 불리는 '1인 다역'이었다. 앞으로 한 작품에서 이렇게 많은 역할 변화를 경험할 수 있을 것 같지 않다. '세상'이라는 무대 위, '삶'이라는 작품 속에서도 우리는 많은 역할을 해내고 있다. 그리고 이 역할들은 우리의 행복과도 직결된다.

뮤지컬 <곤, 더 버스커> 1인 다역으로 출연한 모습, 우리는 무대에서도 삶에서도 많은 역할을 해낸다.

한 영역에 문제가 생겼을 때,
다른 영역에서 보완할 수 있는 사람은
커다란 은혜를 받은 사람이다.

1950년 노벨문학상을 수상한 영국의 철학자 버트런드 러셀의 말이다. 어느 한 역할에서 불행하더라도 다른 역할에서 행복할 수 있는 사람은 은혜 받은 사람이다. 서울대학교 심리학과 최인철 교수님은 우리의 역할을 자기정체성과 연결시켜 설명했다. 두 사람을 예로 든다. A라는 사람은 교사이자 부모이고, 조기 축구회 총무이기도 하면서 합창단원이다. 취미로 골프를 즐기고, 연사모-연어를 사랑하는 사람들의 모임 회원이기도 하다. A는 자기를 다양한 역할로 규정하고 있다. 반면, B라는 사람은 교사이자 부모다. 그게 끝이다. B는 자기를 다양하게 규정하고 있지 않다. 다양한 영역에 자기를 노출시키지 않고, 다양한 관계를 맺지도 않는다. 당연히 다양한 공간에도 가지 않는 사람이다. A는 자기정체성이 복잡하고 다양하지만, B는 그렇지 않다. 이 때 A와 B가 교사로서 힘든 상황을 경험하게 되면 어떻게 될까? A와 B 모두 교사로서 만족감을 못 느끼고 좌절할 수 있다. 그러나 A는 합창단원으로서 노래를 하거나 연사모에 나가서 연어를 먹게 될 가능성이 높다. 그 과정에서 교사로서의 좌절감을 치유할 기회가 생긴다. 그러나 B는 그렇지 못하다. B는 A보다 좌절감을 만회할 기회가 훨씬 적다.

인간은 누구나 사랑받고 싶고, 존중받고 싶고, 인정받고 싶다. 그 욕구를 채울 수 있는 기회가 많으면 많을수록 좋다. 자기정체성이 복잡하고 다양한 사람은 한 역할에서 실패하더라도 다른 역할에서 쉽게 보완이 가능하다. 그러나 자기정체성이 적은 사람은 한 역할의 실패가 삶 전체로 퍼진다. 실패를 보완할 수 있는 완충 영역이 없기 때문이다. 나를 다양하게 규정하는 사람이 그렇지 않은 사람보다 행복해질 가능성이 높다. 자기정체성이 다양화된 개념을 심리학에서는 '자기복잡성Self-Complexity'이라고 한다. 자기복잡성이 높을수록 행복해질 가능성도 높다.*

우리는 '세상'이라는 무대 위에서 누구나 멀티로 연기한다. 1인 다역으로 여러 역할을 맡고 살아간다. 우리는 다양한 역할에서 다양한 캐릭터로 발현되고 있는 자기를 찾을 수 있다. 우리의 정체성은 곧 우리가 삶에서 맡은 역할이다. 평소에 인식하지 못할지라도 우리는 이미 다양한 영역에서 자기복잡성을 갖고 있다. 미처 발견하지 못한 역할을 찾고, 다양한 역할로 자기를 규정하는 것은 행복한 인생 연출을 위해서 꼭 필요한 작업이다.

* 최인철 교수의 '나의 삶, 나의 행복'. EBS 특강

퀵-체인지 Quick-Change

'웅~~~~~~~~~~~'

전화기 진동소리다. 배우가 전화 받는 연기를 해야 하는 약속된 음향이다. 그런데 이럴 수가…. 배우가 소품으로 전화기 챙기는 것을 깜빡 했다. 전화를 받지 않고서는 다음 장면을 이어갈 수 없는 전개였다. 결국 배우는 전화기를 가지러 다시 무대 뒤로 들어갔다. 무대는 텅 비고, 극장은 전화기 소리로 진동했다. 10분 같은 10초가 흘렀다. 겨우 전화기를 챙겨 나온 배우가 전화를 받고나서야 음향이 멈췄다. 함께 하는 배우와 스태프가 일제히 마음을 졸였던 순간이다. 흔히 이런 실수를 하는 배우는 공연이 끝나고 '똥배우'라는 놀림을 피하기 어렵다. 실수한 배우가 선배라서 대놓고 놀리지는 못했지만 '퀵체인지'에 대해 크게 배웠던 경험이다.

'퀵체인지quick-change'는 등장인물이 재빨리 변장하는 것을 말한다. 무대 전환 중에 재빨리 의상이나 소품 등을 바꿔서 다른 모습으로 입장할 때 이른바 퀵체인지를 한다. 무대 뒤에는 항상 의상을 갈아입는 공간이 마련되어 있지만 퀵체인지가 필요한 경우에는 무대 가까이에 '퀵체인지 룸quick-change room'을 따로 만든다. 아주 짧은 시간 안에 성공적으로 전환하기 위해서다. 극단에서 공연을 할 때는 선배님의 퀵체인지를 위해서 의상을 들고 대기하는 것이 중요한 역할이었다. 리허설 때도 실제 공연 의상으로 퀵체인지하는 연습을 빼놓지 않는다.

〈우리는 전설이다〉라는 작품을 함께 할 때도 작품 안과 밖에서 여러 번의 퀵체인지가 필요했다. 〈우리는 전설이다〉는 'DISC 행동 유형*'을 주제로 한 강연극**이었다. 연극 안에서는 근엄한 중소기업 회장과 발랄한 직원으로 변신해야 했고, 연극이 끝나면 배우에서 강사로 변신해서 DISC 행동 유형 이론을 강의했다.

'세상'이라는 무대 위, '삶'이라는 작품에서도 퀵체인지를 한다. 학생들은 집에서 학교로, 일을 하는 사람들은 집에서 일터로 무대를 옮긴다. 학교나 일터에서 다시 집으로, 때로는 친구를 만나러 시내 한복판으로 이동한다. 많은 직장인들이 아빠나 엄마 역할로 하루를 시작했다가도 일할 때는 프로로 변신한다. 친구를 만나면 학창시절 개구쟁이가 되기도 하고, 어른 앞에서는 의젓한 신사가 된다. 하루에도 서너 개의 역할을 거뜬히 해낸다. 우리는 일상에서 얼마나 많은 역할을 맡고, 얼마나 많은 퀵체인지를 하고 있을까? 우리는 모두 삶에서 맡은 여러 역할에 몰입하기 위해 최선을 다한다. 그때그때 해

* 인간의 행동을 주도형(Dominance), 사교형(Influence), 안정형(Steadiness), 신중형(Conscientiousness) 네 가지로 분류한 것으로서, 네 가지 행동 유형의 머리 글자를 따서 'DISC 행동 유형'이라고 부른다.

** 강연극 : 강연 + 연극의 줄임말로서 특정 주제에 대한 강연과 연극이 융합된 장르를 말한다.

당 역할을 잘 수행하려고 노력한다. 우리는 '삶'이라는 작품 안에서 이미 1인 다역을 열연하는 배우다. 매 순간 자신에게 주어진 역할에 따라 퀵체인지로 몰입한다.

부캐의 시대

인공지능 스타트업 인사조직관리자

예술융합 교육회사 대표

배우

리더십 강사

응용연극 연출가

전문 코치

'삶'이라는 작품에서 내가 맡고 있는 역할들이다. 지인이 눈이 동그래지며 말했다.

"진정한 프로 N잡러네요!"

그런 것 같다. 부캐의 시대에 진정한 프로 N잡러로 살고 있다. 본캐와 부캐의 경계가 모호한 순간들도 많다. 버트런드 러셀의 말처럼 은혜로운 일이다. 여기에 남편, 아들, 동생, 삼촌, 고모부, 사위 등등, 가족으로서 맡고 있는 역할들도 있다. 마흔 살 생일에는 특별한 선물도 받았다. 몇 년 전부터 상상하던 꿈이 현실이 됐다. 글을 먼저 써서 파는 것이 아니라 쓰기 전에 누군가 사겠다고 하는 것을 상상했었다. 누군가 나의 글을 원하고, 먼저 원고 의뢰를 하면 좋겠다고 생각했다. 생일 하루 전날 이메일을 받았다. 원고 의뢰였다. 내용을 읽고도 믿기지가 않았다. 드디어 작가로서 인정받은 것 같아서 울컥했다. 기쁜 마음은 원고료로 따질 수 없었다. 드디어 '작가'라는 역할도 당당히 말할 수 있게 되었다.

배우가 되기 전에는 연극이나 뮤지컬을 한 번에 두 작품 이상 공연하는 배우들이 신기해 보였다. 어떻게 역할에 몰입하는지 궁금했다. 화요일에는 A 공연의 a 역할을 했다가 수요일에는 B 공연의 b 역할을 하고, 목요일에는 다시 A공연의 a 역할을 하는 셈이다. 실제 그렇게 공연하던 선배에게 물어 본 적이 있다. 대답을 들은 지 10년이 지났지만 그날의 풍경과 그의 목소리가 생생하다.

"저녁에 샤워하면서 그날 공연했던 역할은 벗고, 아침에 샤워하면서 그날 공연할 역할을 입어."

직업이 배우가 아니더라도 우리는 모두 N개의 멀티 페르소나multi-persona를 갖고 있다. 그리고 N개의 역할 가면을 수시로 쓰고 벗는다. 뭐가 본캐고 뭐가 부캐인지는 상관없다. 본캐는 나답고 부캐는 나답지 않다는 기준도 필요 없다. 나답고 나답지 않고의 경계는 없다. 그러면 한계도 없다. 지금 이 순간 나의 역할에 몰입하면 그만이다. 샤워를 하고 와서 글을 쓰고 있는 지금의 나는 작가다.

나답게 서라

나다운 게 뭘까?

우리가 수많은 역할로 살아가면서 다양한 정체성을 표현한다면 과연 나다운 것은 무엇일까? 어떻게 사는 것이 나다운 삶일까? 나답다고 할 때 나는 누구일까? 처음 이 질문을 떠올린 곳은 서울고속버스터미널이었다. 답을 찾기는 커녕 질문만으로도 머리가 아파서 한참 동안 터미널을 서성였다. 여긴 어디고, 나는 누구인가?

"이태화 코치, 우리 서로 코치니까 선문답 한번 해 봅시다."

대한민국 1호 MCC[Master Certified Coach], 박창규 코치님께서 제안하셨다. MCC는 국제코치연맹에서 인증하는 가장 높은 수준의 코치다. 당시 나는 '선문답'의 뜻도 잘 몰랐다. 뭔가 질문하고 답하는 것으로만 감을 잡았다.

"이태화 코치가 생각하는 '성공'이란 뭡니까?"

"도전하고, 성취하는 것이 성공이라고 생각합니다."

"그러면, 지금 이태화 코치가 먹다가 남긴 볶음밥을 다 먹는데 도전하고, 다 먹고 나면 그건 성공입니까?"

볶음밥? 훅 들어온 질문에 바로 '네'라고 답할 수 없었다. 이유는 모르겠지만 왠지 그건 성공이 아닌 것만 같았다. 막힌 말문을 열려고 어색하게 웃었다. 그러나 말문은 쉽게 열리지 않았다. '성공이란 뭘까? 어디서 들은 얘기나 다른 사람이 말한 대로 답하고 싶지 않은데…… 과연 성공이란 뭐지?'

"코치님께서는 성공이 뭐라고 생각하시나요?"

"나답게 사는 것, 그게 성공이라고 생각합니다."

나답게 사는 것? 궁금했다. 그러나 여쭤 보지 못했다. 그냥 '그렇구나.' 했다. 그땐 왜 그랬는지, 내가 뭘 모르는지도 모르고 연신 고개를 끄덕였다. 그로부터 7년이 지나 대학원에서 다시 코치님을 만났다. 드디어 7년 전에 하지 못했던 질문을 했다.

"코치님께서 생각하시는 '나답게 사는 것'이란 무엇입니까?"

코치님께서는 '나다운 것'을 '자기 핵심'으로 표현하셨다. 자기 핵심은 인생의 마지막까지 자기를 일관되게 잡아 주고, 삶의 방향을 안내해 주는 나침반과 같은 것이다. 자기가 어디로 가고 있는지 아는 것은 마치 나침반을 움직이는 자력을 갖고 있는 것과 같다. 나답게 사는 것은 곧 내가 어디로 가야할지 알고, 어디로 가고 있는지 알며, 그곳을 향해 가는 것이다. 코치님께서 자기 핵심을 찾은 과정은 코치님이 쓰신 책 『온 자신감』에도 실려 있다. 박창규 코치님께서 말씀하신 자기 핵심의 '어디로'는 인생의 초목표와 연결할 수 있었다. 코치님은 자기만의 '나다운 것'의 정의가 있었다. 자, 이제 나의 차례다. 유명한 누군가의 이론이 아닌 나의 것은 무엇인가? 내가 생각하는 나다움은 무엇일까? 나답게 살려면 '나다운 것'에 대해 알아야 한다. '나다운 것'에 대해 알기 위해서는 '나'에 대해 알아야 한다. 그렇다면 나는 누구일까? 이 답부터 찾아보기로 했다.

나는 '나를 보는 사람'이다

조용하게 앉으라.

그리고 그 안에서 누가

너의 생각을 관찰하고 있는지 찾아보라.

주의 깊게 바라보면

네 안에서 또 하나의 너를 발견하게 되리라.

그를 주의 깊게 관찰하고 이해하려 노력한다면

너 자신을 분명히 알게 되리라.

그렇게 안을 들여다보라.

네 안의 또 하나의 너를 찾으라.

그러면 완성이 가까우리라.

–스와미 묵타난다, 『조용하게 앉으라』 중에서

조용하게 앉아 있었다. 그날도 그랬다. 내가 누구인지 알기 위해 '감수성 훈련sensitivity training'이라는 프로그램에 참가했다. 아마도 3일 중 이틀째 되던 날로 기억한다. 그 때 갑자기 울음이 터졌다. 처음에는 울고 싶지 않아서 꾹꾹 참으며 찔찔 짜기만 했다. 그러나 결국 엉엉 울고 말았다. 열대여섯 명쯤 나를 보고 있었던 것 같다. 평소에 알던 사람도 아니었고, 당연히 친한 사람들도 아니었다. 한두 명을 빼고는 처음 보는 사람들이었다. 그 사람들 앞에서 그야말로 펑펑 울었다. 한번 터진 울음은 멈출 수가 없었다. 눈물에 콧물까지 범벅이 되어서 얼굴을 적셨다. 실제로 몇 분 동안 울었는지 모르겠다. 아주 오랜 시간이 흐르는 것 같았다. 군대 제대 후로 시간이 그렇게 천천히 흐른 건 처음이자 마지막이었다. 한참을 울고 나니 눈물이 줄어들기 시작했다. 마음도 서서히 추스려지면서 울음도 멈췄다. 엄청 부끄러웠다. 우는 동안도 그랬고 울고 나서도 그랬다. 민망했고, 어이가 없고, 혼란스러웠다. 내가 왜 그런 자리에서 그렇게 울었는지 알 수 없었다. 그냥 집에 가고 싶은 마음이었다.

그런데 내가 우는 걸 지켜본 사람들의 반응이 의외였다. 그렇게 우는 내가 멋있다고 했다. 더 친근감이 느껴지고, 더 잘생겨 보인다는 사람도 있었다. 이건 무슨 상황일까? 황당하면서도 당황스러웠다. 그냥 나를 위로하려는 마음에서 하는 말인가? 낯선 반응을 접하는 동안 또 몇 초의 시간이 흘렀다. 겨우 진정이 되고 정신을 차렸다. 그러다 나도 모르게 웃음이 나왔다. 그때서야 여유를 가졌다. 그러고 나니 우는 내내 그냥 바라보고 기다려 준 사람들이 고마웠다. 잘 모르는 사람들 앞에서 그렇게 울었다는 것이 웃기기도 했다. 조금 더 시간이 지나서 마음을 살펴보니 아주 시원한 느낌이 들었다. 뭔가 후련했다. '카타르시스'라는 말을 이럴 때 쓰는 것 같다는 생각도 했다. 조용하게 앉아 있다가 내 안의 나를 직면한 순간이었다.

감수성 훈련은 '감수성'이라는 단어 때문에 오해를 낳기도 한다. 감수성 훈련에 참가해 보라고 추천하면, 자기는 이미 감수성이 풍부해서 괜찮다는 사람들도 있다. 어떤 사람에게는 마치 시인이 되기 위한 훈련처럼 들릴 수도 있다. '감수성'을 다르게 표현하면 '민감성'이다. 감수성 훈련은 민감하게 나와 상대의 감정을 알아차리는 훈련이다. 1946년 미국에서 시작해서 현재까지 다양한 분야에서 다양한 목적으로 운영되고 있다.

당시 나는 많이 힘들었다. 두렵고, 막막하고, 외로웠다. 그런 나의 마음을 잘 알아차린 누군가의 말에 울음이 터져버렸다. 그동안 괜찮지 않으면서 괜찮은 척했었다. 억지로 밝은 척 웃었던 것은 힘들어하는 나와 마주하기를 피하는 방법이었다. 배우가 되기 위한 도전의 길도 힘들었는데 힘들어도 괜찮은 척하느라 더 힘들었다. 그러다 결국 들켰다. 남들에게도 들켰고, 나에게도 들켰다. 조용하게 앉아서 바라보니 힘들어 하는 내가 있었다. 나는 힘들면서도 안 힘들다고 속이고 있었다. 그런 내가 안쓰러웠다. 가여웠다. 안타깝고, 슬펐다. 아직 멀었다고, 부족하다고, 모자라다고 스스로를 다그치고 있었다.

과연 아직 멀었고, 부족하고, 모자라다는 것의 기준은 무엇이었을까? 얼마나 더 열심히 해야 목표에 가까이 갔고, 얼마나 더 잘해야 충분하다고 할 수 있었을까? 그렇게 잠시 멀리 떨어져서 내가 나를 보았다. 짠했다. 눈물이 날만큼 내가 기특했다. 열심히 하고 있고, 많이 성장한 내가 보였다. 미숙하고 서툴지만 그래도 괜찮았다. 다그치고, 채찍질해야 하는 내가 아니라 수고한다고 쓰다듬어 줘야 마땅한 내가 보였다.

'힘들어 하는 나'도 있고, 힘들어 하는 나를 '보는 나'도 있다. 두 개의 '나' 중에서 '나답다'고 할 때의 '나'는 누구일까? 힘들어 하는 내가 나인가? 힘들어 하는 나를 보는 내가 나인가? 힘들어 하는 내가 나라면, 힘들어 하는 것은 나다운 것인가? 나다운 것은 나를 관찰하는 내가 나답다고 느끼는 것이다. 역할과 상황에 따라 다양한 모습으로 살고 있는 나도 있지만, 그런 나를 관찰하는 내가 있다. 둘은 함께 현존한다. 역할 가면을 쓴 페르소나는 여럿이어도 나를 바라보는 나는 딱 1명이다. 그야말로 유일무이한 존재다. 그게 나다. 나는 누구인가? 나는 나를 보는 사람이다. 나는 나와 함께 하는 또 다른 나다.

AHA, 나다움을 느끼는 신호

나다움을 찾고, '아하!'라고 외칠 수 있는 세 가지 신호가 있다. 'A', 'H', 'A', 세 가지 신호를 알아차릴 때 비로소 나답다고 느낄 수 있다.

A : Attractive '끌림', 첫 번째 신호다.

우리는 무언가에 매력을 느낀다. 이유를 설명할 수 없지만 끌리는 것이 있다. 본능적이고, 무의식적일 수도 있다. 관심이 가고, 흥미롭고, 호기심이 생긴다. 기꺼이 시간과 에너지와 돈을 쓴다. 그냥 좋다. '그냥'이라는 가장 강력한 이유가 있으면서 아무 이유가 없기도 하다. 끌림은 그런 것이다. 배우로서의 내가 나도 모르게 끌리는 것을 느낄 때, 감독으로서의 내가 감지할 수 있다. '아! 끌린다는 것은 나다움을 느끼는 소중한 신호구나!' 하고 흘려보내지 말아야 한다.

H : Happy '행복', 두 번째 신호다.

끌림이 경험 전에 느껴지는 신호라면, 행복은 경험 중에 느끼는 신호다. 행복을 구체적으로 설명한다면 '재미있고, 의미 있는 느낌'이다. 시간 가는 줄 모르고 몰입하게 되는 신호다. 과정 중에 성장하고,

발전하고, 긍정적인 변화를 경험하면서 재미있고, 의미 있다고 느낀다면 행복하다는 신호다. 행복은 그 순간 자각하지 못해도 우리가 살아있음을 느끼게 한다. 배우로서의 내가 재미있고, 의미 있다고 느끼는 순간을 감독으로서의 내가 감지할 수 있다. '아! 행복하다는 것은 나다움을 느끼는 소중한 신호구나!' 하고 알아차려야 한다.

A : Again '다시', 세 번째 신호다.

마지막 신호는 무언가를 경험한 후에 느끼는 신호다. 다시 하고 싶은 마음은 개인의 가치관과 연결되어 있다. 무언가 하기 전에 끌리고, 하는 동안 행복했지만 다시 하고 싶지 않은 것들도 있다. 돌아보며 후회하지 않지만, 다시 하려고 하니 나답다고 느껴지지 않는 일도 있다. 이런 경험 역시 논리적으로 설명하기 힘들 수 있다. 그러나 불편하고, 꺼림칙한 느낌이 분명하다면 가치관과 맞지 않을 가능성이 크다. 반대로 다시 하고 싶은 느낌은 가치관과 잘 맞을 때 느껴진다. 나의 가치를 충족시키고, 내가 소중하다고 여기는 것을 지킬 수 있는 일이기 때문에 스스로 동기부여할 수도 있다. 누가 시키지 않아도 스스로 알아서 하게 되는 일이다. 배우로서의 내가 다시하기 원하는 것을 느끼는 순간도 감독으로서의 내가 감지할 수 있다. '아! 다시 하고 싶은 욕구가 일어난다는 것은 나다움을 느끼는 소중한 신호구나!'하고 놓치지 말아야 한다.

무언가 하기 전에 끌리고, 하는 동안 행복하고, 하고 나서 또 하고 싶은 것을 할 때 나답다고 느낀다. Attractive, Happy, Again, 이 세 가지를 모두 충족시키는 것을 경험할 때는 나답다고 느끼는 강도도 더욱 강해질 것이다. 나답다고 느낄 수 있는 아하 경험Aha experience*이다.

AHA를 모두 충족시키는 일을 하는 순간만큼은 내가 나를 봐도 만족스럽다. AHA를 경험하는 순간들로 만들어진 장면은 내가 봐도 나다운 작품처럼 느껴진다. 우리는 누구나 감독의 눈을 뜨고, 감독의 귀를 열고, 배우로서의 나와 함께 할 수 있다. 의식적으로 'AHA!'를 외칠 수 있는 장면을 선택할 수 있다. 많은 순간 나답다고 느끼는 장면들로 인생을 채워간다면 '삶'이라는 공연이 나다운 작품이 될 것이다.

* 문제의 해결이나 상황적 구조에 대한 갑작스러운 통찰이 생기는 순간의 총체적인 경험이다.

강점으로 승부하라

이미지 캐스팅

김윤석, 김혜수, 이정재, 전지현, 김수현, 오달수, 김혜숙, 임달화, 특별출연에 신하균까지, 영화 〈도둑들〉에 출연한 배우들이다. 영화는 배우들의 인기만큼 개봉 전부터 캐스팅에 관심이 쏠렸다. 〈도둑들〉이라는 영화 제목의 느낌을 빌려 '흥행을 터는', '영화 팬들의 마음을 훔친' 캐스팅이라는 말도 돌았다. 캐스팅은 영화나 연극에서 작품의 의도와 잘 어울리는 배우를 선정하는 것이다. 특히 영화의 캐스팅은 연극과 다르게 배우의 연기력뿐 아니라 신체적 특성, 나이 등 외적 특성을 중요하게 여긴다. 그런 의미에서 영화 〈도둑들〉의 캐스팅은 성공적이었다. 작품 속 역할과 잘 어울리는 배우들의 이미지는 다른 배우의 캐스팅을 상상하기 어렵게 했다.

영화 〈도둑들〉처럼 성공적인 캐스팅도 있지만 때로는 미스캐스트

(miscast)로 불리는 사례도 있다. 배우의 연기력이나 감독의 연출력을 떠나서 논란이 되는 경우도 많다. 특히 만화 원작을 영화나 드라마로 만드는 경우에는 제작 단계부터 캐스팅에 관심이 쏠린다. 원작의 인물이 이미 각인되어 있는 상황에서 관객이 기대하는 이미지와 다른 배우가 캐스팅되는 경우는 큰 논란이 되기도 한다. 배우들에게는 자신의 이미지와 잘 어울리는 작품을 만나는 것도 행운이다.

연극 〈킹 사울, 더 라스트 위크〉 오디션 때 나에게도 행운이 찾아왔다. 작품은 성경에 나오는 사울 왕이 죽기 전 마지막 1주일의 이야기를 다뤘다. 극중에는 주인공 사울 왕 역할과, 왕의 신하, 그리고 시녀 역할이 있었다. 오디션 소식을 듣고 신하 역에 지원했다. 작품 경험도 많지 않았고 연기력에 스스로 자신이 없을 때라서 주인공은 아예 생각하지도 않았다. 신하 역할을 하면서 작품 경험도 쌓고 연기도 배우고 싶었다. 오디션은 신하 역 대사를 읽으면서 시작되었다. 대사를 듣고 나서 감독님께서 말씀하셨다.

"주인공 역할하실 수 있겠어요?"

이게 무슨 소린가 했다. 역할을 할 수야 있겠지만 작품을 위해서 욕심 부리지 않아야 한다고 생각했다. 솔직하게 그런 마음을 말씀드렸다.

"감독님, 말씀은 감사한데요. 저는 아직 주인공을 할 실력은 아닌 것 같습니다."

말씀을 드리고 나니 시원하기도 했고, 한 편으로는 행운의 기회를 차버리는 것 같아서 바보 같기도 했다. 솔직함에 대한 뿌듯함과 바보 같은 아쉬움의 몇 초가 흘렀다. 잠시 고민을 하던 감독님께서 말씀하셨다.

"그래도 대사는 한번 읽어 보시죠."

사울 왕 대사를 읽었다. 처음에는 어색했다. 그런데 막상 읽기 시작하니 점점 어색함이 사라졌다. 신기했다. 감독님께서도 사울 왕 역할과 잘 어울리는 것 같다고 하셨다. 감독님이 그리는 사울 왕 역할을 설명해 주시면서 거듭 제안하셨다. 굴러온 복을 스스로 찼는데 다시 굴러왔다. 더 이상 물러서지 않고 캐스팅을 수락했다. 그리고 사울이 되기 위한 작업을 시작했다.

연극 〈킹 사울, 더 라스트 위크〉는 세상에서 처음 공연되는 작품이었다. 그래서 모범답안이 없었다. 창작 작품이라서 참고로 삼을 기준도 없었다. 우리는 스스로 기준이 되어야만 했다. 캐릭터를 만드는 과정은 나의 강점을 발견하고 나와 가장 잘 어울리는 '사울'을 찾아가는 시간이었다. 만약에 사울 역할을 송강호 배우가 연기한다면 어떨까? 최민식 배우는? 김윤석 배우는? 그렇다면 나는? 나는 과연 어떤 사울을 연기할 수 있을까? 감독으로서의 내가 배우로서의 나에게 끊임없이 질문을 던졌다. 저예산의 열악한 환경에서 만든 연극이었지만 값비싼 경험이었다. 사울을 연기하면서 배우로서의 나다움을 찾기 시작했다.

사실 연극이나 뮤지컬을 즐겨 보는 것도 아니고 그렇다고 많이 본 것도 아니지만 이 날 본 연극은 저에게 강한 인상을 주었습니다. 첫 번째로는 배우들의 연기력! 특히 사울 역할을 맡으신 분의 연기는 너무나 소름 끼칠 정도로 무서웠습니다. '이태화' 라는 분이 연기를 했는데 연기에 쑥 빠졌습니다. 연극시간 100분이 지루하지 않게 금방 지나갔습니다.*

– 연극 <킹 사울, 더 라스트 위크> 공연 후기 중에서

연기를 잘 하는 배우들은 어떤 역할을 맡아도 자신이 갖고 있는 매력을 잘 살린다. 미스캐스팅이라는 논란을 잠재운다. 그들은 자신의 강점을 잘 활용한다. 다른 배우의 강점에 나의 약점을 들이대며 스스로 비교당하지 않는다. 누군가가 만들어 놓은 기준에 의해 흔들

* 출처: http://yoshikixdrum.tistory.com/101 [평범한 이야기들]

<킹 사울, 더 라스트 위크> 출연 모습. 연극에서든 삶에서든 나의 강점을 찾고 나다움을 찾는 것이 중요하다.

리지 않는다. 자신이 기준이 되고, 새로운 기준을 만들어 낸다. 오히려 다른 배우와 비교하는 것을 무의미하게 만든다. 다른 배우와 비교하면 온전히 자기답게 무대에 설 수 없다. '세상'이라는 무대 위에서는 우리도 그렇다. 모두 자신만의 강점이 있다. 누구에게나 있다. 감독으로서의 내가 배우로서의 강점을 잘 살릴 수 있도록 이미지 캐스팅해야 한다.

4가지 강점 유형

'DISC 행동 유형'은 강점에 대해서 생각해 볼 수 있는 간단한 도구 중 하나다. 윌리엄 몰턴 마스톤William Moulton Marston 박사가 개발한 DISC 행동 유형은 그가 개발한 거짓말 탐지기로부터 시작되었다. 마스톤 박사는 감정과 혈압 사이의 연관성에 주목하고 감정 변화에 따라 혈압이 달라지는 것을 관찰했다. 특히 거짓말을 하면 감정적으로 불안해지는 것에 착안해 사람들이 거짓말할 때 나타나는 감정 변화를 혈압으로 측정했다. 거짓말을 할 때 나타날 수 있는 생리적 변화 가운데 호흡과 심장 박동 수, 혈압의 변화를 측정해 거짓말 여부를 가려내는 것이 거짓말 탐지기다. 넓은 의미의 '폴리그래프polygraph'로 발전된 이 장치는 혈압뿐 아니라 뇌파, 안구 운동, 심장 박동, 호흡 등 여러 가지 생리적 현상을 동시에 기록할 수 있게 되었다.

거짓말 탐지기의 시초가 된 감정 연구는 더 나아가 우리의 감정이 어떤 행동으로 표출되는지 관찰할 수 있게 해주었다. 마스톤 박사는 1928년에 『Emotions of Normal People』이라는 책을 펴낸다. 그는 이 책에서 인간의 감정이 어떤 행동 차이를 만들고, 사람의 행동이 시간에 따라 어떻게 변할 수 있는지에 대한 이론을 소개했다. 그리고 그는 감정에 따른 행동이 네 가지 유형으로 분류 될 수 있다는 이론을 만든다. 4 가지 유형은 'Dominance지배', 'Inducement유인',

'Submission[복종]', 'Compliance[준수]'이다. 이 이론은 4가지 유형의 앞 글자를 따서 'DISC[디스크]'로 불린다. DISC 이론은 1956년 산업심리학자 월터 클라크[Walter V. Clarke]의 '활동 벡터 분석[Activity Vector Analysis]' 출판을 통해 평가 도구로 발전한다. 그리고 1970년대 존 가이어 박사[John Geier, Ph.D]가 개인 프로파일 시스템[Personal Profile System]을 만드는 데 활용하고, 퍼포맥스[Performax]라는 회사를 설립하면서 널리 보급되었다. 우리나라에서 잘 알려진 DISC는 1994년 발표된 'Personal Profile System 2800 Series[PPS 2800]'를 기반으로 한다. 현재의 DISC는 Dominance[주도형], Influence[사교형], Steadiness[안정형], Conscientiousness[신중형]으로 통용된다. DISC는 성격이 아니다. 행동이다. 4가지 유형으로 자기의 행동을 살펴보면서 외부로 표출되는 강점을 생각해볼 수 있다.

주도형(D)은 도전적이고, 독립심이 강하며, 주관이 뚜렷하다. 성취지향적이며, 근면하고, 자신감도 넘친다. 결단력 있고, 모험심과 책임감이 강하다.

사교형(I)은 설득을 잘 하고, 낙천적이며, 자발적으로 행동한다. 열정적이면서, 융통성을 발휘하고, 격려를 잘 하며, 유머감각이 뛰어나다. 감성과 상상력이 풍부하며 폭넓은 대인 관계가 강점이다.

안정형(S)은 인내심이 강하고, 겸손하며, 협조적이다. 경청을 잘 하고, 여유가 있으면서 유순하다. 일관성이 있고, 수용적이며 원만한 대인관계가 강점이다.

신중형(C)은 양심적이고, 세심하며, 분석을 잘 한다. 객관적이고, 호기심 넘치며 정확한 것을 추구한다. 자제력과 직관력이 강하고, 위험 요인을 잘 예측한다.

거짓말 탐지기, DISC 행동 유형과 함께 마스톤 박사가 탄생시킨 또 다른 걸작이 있다. 바로 '원더우먼'이다. 1941년 원더우먼이 탄생할 때는 1938년에 나온 슈퍼맨, 1939년에 나온 배트맨이 이미 폭발적인 인기를 얻고 있을 때다. 그는 만화가 교육에 도움 되지 않는다는 주장에 맞서면서 슈퍼맨, 배트맨처럼 폭력으로 문제를 해결하는 방식이 아니라 사랑으로 문제를 풀어나가는 영웅을 구상했다. 심리학자인 아내는 이런 고민을 의논하던 중에 캐릭터를 여자로 만들라고 조언한다. 아내의 결정적인 도움으로 마스톤 박사는 여성 영웅 '원더우먼'을 만든다. 슈퍼맨, 배트맨도 나쁜 적들을 물리치고, 세상의 문제를 해결한다. 그러나 새로운 영웅 원더우먼은 그들과 방식이 달랐다. 그녀는 여성이 가진 강점을 발휘했다. 슈퍼맨, 배트맨, 원더우먼 모두 목표는 같다. 다만 목표를 달성하는 방식이 다르다. 발휘하는 강점이 다르다.

세상을 구하는 영웅들도 강점이 다르듯, 우리도 강점이 다르다. '세계 평화'라는 영웅들의 초목표는 같지만, 달성하는 방식은 다르다. 우리도 인생 초목표 달성을 위해서 자기의 강점을 발휘하는 것이 중요하다. 자기의 강점을 알고, 강점으로 승부를 걸어야 한다. 주도형이 강점인 사람도 있고, 사교형이나 안정형, 신중형의 강점을 보이는 사람도 있다. '세상'이라는 무대 위에서 '삶'을 공연하는 순간에도 4가지 강점을 활용할 수 있다.

이카루스 패러독스

캐나다의 대니 밀러Danny Miller 교수는 많은 기업들이 성공 경험을 통해 얻은 과도한 자신감으로 통제력을 잃고 몰락한다고 지적했다. 성공을 이끈 요소들이 도를 넘어서면 쇠퇴가 따른다. 튼튼한 조직도 금세 결점 투성이로 바뀌면서 시장에서 도태된다. 그는 이런 역설적인 상황을 '이카루스 패러독스'라고 했다. 그리스 신화 속 인물 이카루스 이야기에 빗댄 것이다.

어느 날 이카루스가 살던 왕국에 끔찍한 일이 벌어진다. 왕비가 황소와 간음하고, 사람 몸에 황소 머리를 가진 괴물을 낳은 것이다. 화가 난 왕은 절대 빠져나올 수 없는 감옥을 만들어서 왕비를 가두려고 한다. 왕은 뛰어난 건축가이자 조각가, 발명가였던 이카루스의 아버지 '다이달로스'에게 감옥의 설계를 맡긴다. 결국 왕비는 다이달로스가 만든 감옥에 갇힌다. 그런데 왕은 뒤늦게 새로운 사실을 알게 된다. 왕비가 황소와 간음할 때 다이달로스도 개입했다는 사실이다. 다이달로스에게 더욱 화가 난 왕은 그의 아들 이카루스와 함께 감옥에 가둬버린다. 다이달로스는 자신이 설계한 감옥이지만 빠져 나갈 방법이 없다는 것을 잘 알고 있었다. 결국 그는 감옥을 탈출하기 위해서 날개를 만들기로 결심한다. 밀랍으로 새의 깃털을 붙여서 날개를 만들어서 도망칠 생각이었다. 다행히 이카루스는 아버지가 만들어 준 날개를 달고 하늘을 날아서 탈출에 성공한다. 하늘을 처음 날아 본 이카루스는 탈옥한 기쁨을 넘어서 새처럼 하늘을 나는 것이 너무나 신기했다. 그러면서 아버지의 조언도 잊어버리고 흥분된 마음으로 점점 더 높이 날았다. 다이달로스는 이카루스에게 태양에 너무 가까이 날지 말라고 신신당부했었다. 태양에 가까워지면 밀랍이 녹기 때문이었다. 그러나 이카루스는 아버지의 경고를 잊고 계속 날아올랐다. 이카루스는 태양에 점점 가까워지면서 날개의 깃털이 하나 둘 떨어졌고, 결국 바다에 떨어져 죽고 만다.

우리가 가진 강점도 이카루스의 날개와 같다. 강점은 우리를 살리기도 하지만 때로는 곤경에 빠뜨리게 한다. 강점도 지나치게 발휘되면 언제든 약점이 될 수 있다. 누구나 위기를 극복할 강점 날개가 있다. 새로운 삶을 향해 날아갈 수 있다. 날개는 무한한 가능성을 발휘하게 한다. 잠재된 역량을 세상에 펼칠 수 있는 힘이 된다. 그러나 이카루스의 날개처럼 위기에서 벗어나게 해준 소중한 것이 목숨을 앗아가는 끔찍한 것이 될 수도 있다. 강점을 발휘하되 상황에 따라 지나치게 발휘되지 않게 하는 것도 중요하다. 맡은 역할마다 강점 날개를 펼치고, 그 날개를 균형 있게 쓸 줄 아는 지혜가 필요하다. '세상'이라는 무대 위, '삶'이라는 공연을 멋진 작품으로 완성하는 배우는 자신의 강점을 잘 알고, 역할과 상황에 따라 지나치게 발휘하지 않을 수 있는 균형 감각이 필요하다.

DISC 행동 유형 중에서 주도형의 강점은 독립심, 뚜렷한 주관. 성취 지향성, 자신감, 결단력, 모험심, 책임감이다. 이런 유형의 강점을 가진 사람들은 남들이 뭐라고 해도 자기만의 주관을 갖고 모험심과 독립심을 발휘해서 성취를 이뤄낸다. 하지만 때로는 남들의 얘기를 무시하고, 고집을 부리고, 무모한 행동을 하며 타인을 배려하지 못할 때도 있다. 역할과 상황에 따라 주도형의 강점이 약점이 되기도 한다. 사교형들은 지나치게 낙천적이어서 계획을 세워서 협업하는데 어려움을 겪기도 하고, 융통성을 발휘하느라 원칙을 어기기도 한다. 폭넓은 대인 관계가 지나쳐서 정작 가족들에게 소홀해지는 경우도 있다. 안정형은 지나치게 겸손해서 능력을 발휘할 수 있는 기회를 놓치기도 하고, 다른 사람을 챙기느라 정작 자기를 챙기지 못한다. 신중형의 정확성과 세심함이 지나치게 발휘되면 삭막한 인간 관계를 만들 수도 있다. 위험 요인을 잘 예측하는 반면 새로운 도전을 어려워한다.

목소리나 외모가 폭군을 연기하기에 잘 어울려서 사울 왕에 이미지 캐스팅될 수 있었던 것은 분명히 강점 덕분이었다. 하지만 하나의 이미지만 너무 지나치게 부각되면 다양한 캐릭터를 소화하는 데 한계로 작용한다. 자신의 강점을 제대로 알고 강점으로 승부하되 균형을 잡을 줄 아는 지혜가 필요하다. 감독으로서의 나는 배우로서의 내가 강점을 발견하고 균형 감각을 발휘할 수 있도록 이끌어야 한다.

메소드 연기를 하라

메소드 연기란?

메소드 연기[method acting]는 1930년대부터 사용되기 시작한 개념이다. 모스크바 예술학교의 콘스탄틴 스타니슬랍스키[Konstantin Stanislavskii, 1863~1938]가 창안한 연기 훈련 시스템에서 유래되었다. 그는 '진실하면서도 살아 있는 연기'의 개념을 최초로 주장한 사람이다. 그 이전의 연기 기법을 '고전 연기'라고도 부른다. 고전 연기는 연기 자체의 형식을 중요시한다. 특정 장르의 특정 인물을 연기하면 그에 맞는 동작이나 호흡, 발성 등이 정해져 있다. 사극 드라마에서 배우들이 쓰는 말투나 표정, 동작 등의 연기가 고전 연기의 좋은 예이다. "전하, 성은이 망극하옵니다."라는 대사가 어떤 느낌으로 표현될지 누구나 쉽게 상상할 수 있다. 그리고 그 상상 속 장면은 실제 작품 속 장면과 크게 다르지 않다. 전형적인 연기다. 반면, 메소드 연기는 그렇지

PlanB
DESIGN

최익성

01020604634
@daum.net

당신의 B를 응원합니다

않다. 정해진 패턴이 없다.

메소드 연기를 직역하면 '방법method 연기acting'이다. '방법'은 배역과 같은 인물이 되기 위해서 배우가 사용하는 '노력의 방법'을 의미한다. 그런 방법, 즉 '메소드'로 훈련된 배우의 연기가 '메소드 연기'다. 메소드 연기를 하기 위한 '메소드'는 무수히 많다.

영화 〈인턴〉에 출연했던 '로버트 드 니로'라는 배우가 있다. 항상 손수건을 챙기고 말끔한 정장을 차려 입는 멋쟁이 노인 인턴 역할이었다. 그의 이름은 모르더라도 얼굴은 낯익을 것이다. 로버트 드 니로의 연기 역사를 거슬러 올라가다 보면 스타니슬랍스키를 만난다. 로버트 드 니로가 연기를 배운 '액터스 스튜디오'라는 학교는 스타니슬랍스키의 학설을 더욱 정교하게 다듬어서 메소드 연기 이론을 정립한 리 스트라스버그가 만든 학교다. 제임스 딘, 말론 브란도, 알 파치노, 더스틴 호프만, 폴 뉴먼, 잭 니콜슨 등 많은 할리우드 스타들이 이 학교를 졸업했다. 액터스 스튜디오 출신답게 로버트 드 니로 역시 메소드 연기로 잘 알려진 배우다. 특히 로버트 드 니로의 이름을 딴 '드 니로 어프로치De Niro's Approach'란 용어가 있을 정도다. 드 니로 어프로치는 배우가 배역과 혼연일체가 되기 위해 스스로의 육체적 조건까지 변화시키는 방법을 말한다. 이것 역시 '메소드' 중 하나다. 배역에 몰입하기 위한 하나의 방법이다. 여기에 로버트 드 니로의 이름이 붙은 것은, 1980년에 개봉된 영화 〈성난 황소〉 덕분이다. 그는 이 영화에서 실존 인물이었던 권투 선수 '제이크'의 일생을 연기했다. 권투 선수를 연기하기 위해서 복싱 트레이닝을 받는 것은 물론, 촬영에 들어갈 무렵에는 권투 선수 데뷔 제의를 받을 정도로 엄청난 변신을 한다. 1979년 4월에 촬영을 시작한 영화 〈성난 황소〉는 첫 5주 동안 권투 경기 장면만 몰아서 찍었고, 로버트 드 니로는 권투 선수 제이크 역할을 성공적으로 연기해낸다. 그런데 그의 변신은 여기서 끝이 아니었다. 주인공 제이크는 나이가 들어서 밤 무대 코미디언이 된다. 로버트 드 니로는 중년의 제이크를 연기해야 할 때가 왔을 때 감독의 허락을 받고 8주간의 휴가를 얻는다. 그는 휴가 기간 동안 이탈리아와 프랑스 등지로 폭식 여행을 다녔고, 온갖 음식을 잔뜩 먹고 돌아와 몸무게를 97kg으로 만들었다. 여행을 떠나기 전 그의 몸무게는 66kg이었다. 로버트 드 니로는 밤무대 코미디언이 된 제이크로 다시 변신했다. 그리고 그 변신 역시 성공적이었다. 〈성난 황소〉 이후 수많은 배우들이 드 니로 어프로치로 변신하는 모습을 보여 주었고 그때마다 화제가 되었다.

한국 배우 중에도 드 니로 어프로치로 변신한 배우들이 있다. 특히 화제가 되었던 인물은 설경구 배우다. 영화 〈역도산〉에 캐스팅된 설경구는 거구의 프로레슬러로 변신하기 위해 몸무게를 25kg이나 불려서 100kg에 육박하는 몸매를 만들었다. 그리고 영화 〈역도산〉을 마치고 난 다음, 영화 〈공공의 적2〉까지 한 달 동안 무려 18kg을 감량했다. 날카로운 이미지의 '강철중 검사'라는 인물로 다시 변신한 것이다.

"무대에서 그 인물로 있어 봐."

처음 연기를 배울 때 자주 들은 말이다. 막막했다. 무대에서 그 인물로 있기 위해 어떻게 해야 할까? 그때 했던 수많은 노력들이 바로 '메소드'였다. 그 인물이 되기 위한 노력의 '방법'들이었다. 정말 그 인물이 된다는 것은 불가능하지만 그 인물을 창조하는 것은 가능하다. 이 과정을 체험할 수 있는 것이 배우의 매력이다.

일상에서도 메소드 연기는 가능하다. 삶에서 맡게 되는 역할을 잘 해내기 위해 하는 노력이 '메소드'다. 그 노력의 방법으로 맡은 역할답게 사는 것이 곧 '메소드 연기'다. 삶에서 맡게 되는 여러 역할에 충실하기 위한 노력으로 완성되는 연기가 '인생 메소드 연기'다.

7%의 대사에 93%의 영혼을 입혀라

제 삶은 이상하고 별나지만, 가치 있고 아름답습니다.

– 드라마 <이상한 변호사 우영우> 중에서

박은빈 배우의 자폐 천재 변호사 연기 때문에 한국이 따뜻했다. 한국뿐 아니라 해외에서도 인기가 높다. 그렇게 시청자들을 즐겁게 하고 울리고 설레게 한 박은빈 배우가 이 역할을 1년간 거절했다고 한다. 하마터면 박은빈이 연기하는 우영우를 못 볼 뻔했다.

만약 위 대사를 박은빈이 아닌 다른 배우가 했다면 어땠을까? 다른 배우들의 연기를 상상해 본다. 같은 대사가 어떤 느낌으로 달라질까? 상상만으로도 재미있다. 같은 대사지만 누가 어떻게 하느냐에 따라서 완전히 다른 연기가 된다. 대사는 연기의 7%밖에 차지하지 않는다.

여자: 자기, 나 사랑해?

남자: 그럼. 사랑하지.

만약 남자 대사 앞에 이런 지문이 있다면 어떨까?

여자: 자기, 나 사랑해?

남자: (한숨을 크게 쉬며) 그럼. 사랑하지.

남자의 사랑한다는 말은 어떤 의미로 다가올까? 남자는 정말 여자를 사랑하는 것일까? 또 이런 지문이 있다면 어떨까?

여자: 자기, 나 사랑해?

남자: (놀란 듯 휘둥그레진 눈으로) 그럼. 사랑하지.

이런 상황은 또 어떨까?

여자: (심각한 표정으로) 자기, 나 사랑해?

남자: 그럼. 사랑하지.

두 줄밖에 안 되는 대사지만 만들어 낼 수 있는 느낌은 무수히 많다. 연기는 즉흥 연기 같은 특별한 경우를 제외하면 대부분 대본이 있기 마련이다. 대본은 글이다. 글이 배우의 연기를 통해 살아 움직이게 된다. 이 과정을 '영혼이 입혀진다.'고 표현하고 싶다. 물론 대본은 글 자체로도 가치가 있다. 그러나 배우라는 매개체를 통해 연기로 구현될 때 더욱 빛이 난다. 관객의 마음을 밝히고, 세상에 온기가 전달된다.

대본에 영혼이 입혀지는 모습을 관찰 가능한 것으로 단순하게 설명하면, '배우가 대본을 소리내어 읽으면서 움직임을 보여 주는 것'이다. '움직임'이라는 표현에는 배우의 얼굴 움직임, 즉 표정도 포함된다. 배우의 '음성'과 '움직임'으로 종이에 묻어 있던 글에 영혼이 입혀진다. 배우의 음성으로 대본을 들을 수 있고, 배우의 움직임으로 대본을 볼 수 있다. 영혼이 입혀진 대본은 무대 위에서, 스크린 속에서 생명의 빛을 발한다. 그렇다면 배우가 연기할 때, '대본', '배우의 음성', '배우의 움직임'은 각각 관객에게 어느 정도 영향을 미칠까? 이 물음과 관련된 재미있는 연구가 있다.

미국 UCLA 명예교수 앨버트 메러비안Albert Mehrabian의 책 『침묵의 메시지Silent Messages』(1971)에 소개된 실험이다. 메러비안은 두 번의 실험을 했다.

첫 번째는 말하는 사람의 '말의 의미'와 '음성'이 상대에게 얼마나 영향을 미치는지 실험했다. 결과는 말 자체의 의미보다 음성이 더 중요했다. 대본의 글 자체보다 배우의 음성이 더 중요하다는 얘기다. 예를 들어, 아주 기쁜 소식을 어둡고 우울한 목소리로 상대방에게 전할 수도 있다. 이 때 상대방은 온전히 기쁜 소식을 전해들은 것이라고 느끼기 어렵다. 어둡고 우울한 목소리가 기쁜 소식보다 더 큰 영향을 미치기 때문이다. 같은 내용이라도 음성에 따라 다른 느낌으로 전달된다. 말하는 내용이나 의미도 중요하지만 음성도 매우 중요하다.

두 번째 실험은 '음성'과 '비언어적 요소'의 중요성에 대한 것이었다. 비언어적 요소는 표정, 동작, 자세 등 움직임이다. 결과는 표정이 음성보다 더 중요했다. 예를 들어, 밝은 목소리로 "자기, 나 사랑해?"라고 말할 수 있다. 그런데 말하는 사람이 상대방과 눈을 맞추지 못하거나 심각한 표정을 짓는다면 어떨까? 질문을 받은 상대방은 단순히 사랑하는지 사랑하지 않는지를 묻는 것으로 느끼지 않는다. 연기에서도 배우의 음성보다 배우의 비언어적 요소가 더 중요하다. 이 세 가지를 종합하면 말의 내용은 7%, 청각적 요소(음성)은 38%, 비언어적 요소(표정, 자세 등)은 55%를 차지한다. 소통에서의 7:38:55 비율을 '메러비안 법칙'이라고 부른다. 현재는 논란이 많은 이론이지만 비언어 커뮤니케이션에 대한 연구에 큰 영향을 끼친 연구임에 틀림없다.

메러비안 법칙을 '대본, 배우의 음성, 배우의 움직임'과 연결지어 보면 대본은 7%, 배우의 음성은 38%, 배우의 움직임은 55%에 해당된다. 7%의 대본을 받고, 38%의 음성을 입히면서 55%의 움직임을 만드는 것이다. 작품 속 인물은 7%의 텍스트에 93%의 영혼을 입혀서 창조된다.

우리는 알게 모르게 연기한다. 때로는 삶에서 맡고 있는 역할에 따라서 다른 말을 하고, 다른 목소리를 내며 다르게 움직인다. 우리가 원하는 장면들로 '삶'이라는 공연을 완성하기 위해 노력한다. 삶의 역할에 따라 어떤 7%에 어떤 93%를 입힐 것인가? 이 질문의 답을 찾는 방법이 곧 '메소드'다. 인생의 메소드 연기를 위한 노력의 방법이다. 내가 어떤 말을 어떤 목소리로 하며, 어떤 움직임으로 할 것인지에 대한 방법이다. 내가 원하는 장면을 만들기 위한 방법을 고민하고, 연습해서 만들어 낸 나의 모습이 일상의 메소드 연기가 된다. 7%의 말을 잘 선택해서 하고, 38%의 목소리에 신경을 쓰면서 55%의 움직임을 만들어 내는 작업이다. 일상의 메소드 연기는 자신의 긍정적인 의도를 잘 전달할 줄 아는 성숙한 표현 방법이다.

우리는 '세상'이라는 무대 위, '삶'이라는 공연 안에서 7%의 대본을 직접 쓰고, 38%의 소리도 직접 만든다. 거기에 55%의 표정과 움직임도 입힌다. 행복한 인생으로 연출하기 위한 긍정적인 마음으로 일상에서도 영혼을 울리는 메소드 연기를 할 수 있다.

생각, 말, 행동이 전부다

아버지의 메소드 연기를 본 적이 있다. 아버지께 '할아버지'라는 역할이 생기고 나서다. 처음 아버지가 조카와 놀아 주시는 모습을 봤을 때 잠시 멍해질 정도로 충격을 받았다. 놀이터에서 조카랑 놀아 주시는 아버지를 한참 바라보기만 했다.

'아버지한테 저런 표정이 있구나.'

'저런 목소리를 내실 줄도 아는구나.'

'저런 말씀도 하시는구나.'

'저런 걸음을 걷는 모습을 본 적이 있던가?'

그때의 아버지 모습이 결코 거짓이나 가식이라고 생각하지 않는다. 조카를 속인 것은 더더욱 아니며 전혀 과장하지도 않았다. 연기는 사기가 아니다. 진실이다. 아버지는 그때 그 순간 최선을 다해서 할아버지라는 역할을 연기해 냈다. 처음 들어 보는 대사였고, 처음 듣는 음성이었고, 처음 보는 행동이었다.

우리는 삶에서 여러 역할을 맡고 있다. 그리고 역할에 따라 원하는 장면을 만들기 위해 노력한다. 역할에 따라 다른 말을 하고 다른 목소리를 내고 다른 행동을 한다. 그렇게 역할을 수행해 내는 장면들이 쌓이면서 우리 삶을 관통하는 인생 초목표에 가까워진다. 삶의 연기는 인생 초목표에 이르기 위한 진실된 노력이다.

인간은 '지금 이 순간', '생각'하거나 '말'하거나 '행동'하는 것 외에 할 수 있는 것이 없다. 인간이 존재하는 순간은 오직 현재다. 과거를 기억하거나 미래를 상상할 수 있지만 기억하고 상상하는 순간도 현재다. 인간은 오직 현재만 살 수 있다. 기억이나 상상도 현재의 생각에 불과하다. 그리고 현재의 생각은 우리가 말하고 행동하는 데 영향을 끼친다. 심지어 생각은 감정을 불러일으키기도 한다. '생각할수록 열 받는다.'는 표현이 괜히 있는 게 아니다. 암울한 과거를 기억하거나 불안한 미래를 상상하면 지금 당장 기분이 나빠진다. 결국 생각은 말과 행동에도 영향을 준다.

우리는 삶의 대본을 쓰고, 연기하고, 스스로 연출하는 주체라고 했다. 지금 당장 어떤 말을 할지, 어떤 행동을 할지는 생각이 결정한다. 생각으로 대본이 쓰여지고, 말로 대사를 내뱉는다. 어떻게 행동할지 생각하고 몸을 움직일 수 있다. 스스로 연출하는 주체이자 열연하는 배우라는 의미는 스스로 어떤 생각, 말, 행동을 할지 선택할 수 있다는 뜻이다. 일상의 메소드 연기는 인생에서 맡게 되는 역할을 잘 해내기 위한 노력으로 실현된다. 다양한 노력의 방법이 있겠지만 결국 어떤 생각을 하고, 어떤 말을 하고, 어떤 행동을 할지 선택하는 노력으로 정리할 수 있다.

부모로서 어떤 생각, 말, 행동을 할 것인가? 자식으로서 어떤 생각, 말, 행동을 할 것인가? 친구로서 어떤 생각, 말, 행동을 할 것인가? 인생에서 맡은 역할로서 어떤 생각을 하고, 어떤 말을 하고, 어떤 행동을 해야 자신이 원하는 장면을 만들 수 있을지 판단하고 실천하는 일이 전부다. 이 방법으로, 이 메소드로 훈련해서 보여 주는 모습이 일상의 메소드 연기다.

Double Existence 하라

무대 위에는 두 명의 내가 있다

'배우는 갓난아이와 같아서 보고, 걷고, 말하는 법 등,
모든 것을 처음부터 다시 배워야 한다.'

-스타니슬랍스키 『배우수업』 중에서

무생물 역할을 맡은 적이 있다. 옷걸이였다. 먼저 옷걸이로 변신하기 위해서 정장을 입는다. 그리고 정장 윗도리 어깨 쪽에 두꺼운 옷걸이를 끼운다. 내 어깨에 옷걸이 하나가 더 얹어진 채로 윗도리를 입은 셈이다. 옷걸이가 끼워졌으니 자연스레 고개는 앞으로 숙여야 한다. 그러면 뒤통수에 옷걸이의 윗부분이 솟아 올라온다. 물음표처럼 생긴 옷걸이 고리에 모자를 건다. 그러면 준비 끝. 내 뒤통수에 모자가 대롱대롱 걸린 채로 암전을 기다린다. 조명이 꺼지면 무대로

나간다. 모자가 떨어지지 않게 조심해야 한다. 관객을 등지고 약속된 위치에 선다. 조명이 들어온다. 미리 계산된 조명은 내 등을 어렴풋이 비춘다. 내 하체는 소품에 가려서 잘 보이지 않는다. 객석에서 보면 그냥 옷걸이에 정장 윗도리와 모자를 걸어둔 것처럼 보인다. 뒤돌아서 있는 내 등 앞에서 선배님이 연기를 한다. 선배님이 옷걸이에 걸려 있던 모자를 쓰고 퇴장하면 옷걸이 역할은 끝난다. 다음 장면을 위해 객석 쪽으로 돌아서는 순간 조명이 밝아진다.

"오!"

관객들이 깜짝 놀라면 옷걸이 역할은 성공이다. 옷걸이가 되기 위해 움직이면 안 되는 것은 물론 숨을 크게 쉴 수도 없다. 옷걸이는 사람처럼 움직이지 못하고, 숨을 쉴 수 없으니 당연한 것이다. 그 때 무대에 있던 나는 정말 옷걸이였을까? 옷걸이라는 배역을 정말 옷걸이가 된 것처럼 해 내기 위해 나는 어떤 메소드method를 썼을까? 나의 옷걸이 연기는 메소드 연기라고 할 수 있을까? 무대 위에 있던 나는 옷걸이인가? 아니면, 이태화인가? 나는 무대 위에서 무엇으로, 누구로 있었을까?

옷걸이 역할로 등장했던 연극 〈나두야 간다〉는 배우 데뷔작이다. 당시는 모든 연기가 어려웠던 때다. 물론 지금도 그렇지만 그때는 훨씬 더 막막했다. 당시에는 무대에서 무엇으로, 누구로, 어떻게 존재하는가에 대한 생각을 진지하게 하지 못했다. 아마 하려고 했어도 그럴 겨를이 없었을 것이다. 우여곡절 끝에 무대에 올랐지만 나의 연기에 대해서는 만족스럽지 못했다. 당연했다.

나는 갓난아이였다. 겨우 걸음마를 배우고 무대에 섰다. 달리고 싶어도 넘어질 수밖에 없었다. 그렇게 공연이 끝나고 나니 연기에 대한 호기심이 강해졌다. 성장하고 싶었다. 잘 걷고, 뛰고, 점프하고 싶었다. 그냥 연기를 잘 하고 싶은 것이 아니라 정말 미친 듯이 잘 하고 싶었다. 간절했다. 그 때는 연기 관련 책들도 손에서 놓지 않았다. 그 중에서 잠자리에 두고 읽던 책이 스타니슬랍스키의 책들이었다. 나는 책을 통해 매일 그와 배우 수업을 했다. 어떤 날은 한 장을 넘기기 어려웠다. 단순히 읽는 책이 아니었다. 읽고, 생각하고, 해봐야 하는 교과서였다. 어쩌면 그 때는 그 책을 품에 끼고 있는 것만으로 위안이 되었던 것 같다. 연기가 느는 것은 모르겠지만, 뭔가 노력하고 있다는 만족감도 있었다. 하루는 스타니슬랍스키의 『성격 구축』이라는 책을 파고 있었다. 그러다가 우연히 '이중적 현존double existence'이라는 개념을 알게 되었다. 이중적? 현존? 어려웠다. 그런데 다른 어려운 개념과는 다르게 그냥 넘어가고 싶지 않았다. 책을 읽다 보면, '이 부분은 패스!' 하고 포기하게 되는 곳들이 많다. 그런데 '이중적 현존'에서는 책장을 넘길 수 없었다.

'행위자로서의 배우와 관찰자로서의 배우가 동시에 존재한다는 의미'

이중적 현존의 뜻이다. 무대 위에는 '행위자로서의 배우'와 그 행위자로서의 배우를 관찰하는 '관찰자로서의 배우'가 동시에 있다는 것이다. 나는 옷걸이 역할을 하는 '행위자로서의 배우'이면서, 옷걸이 역할을 하는 나를 관찰하는 '관찰자로서의 배우'로 무대에 있었다. 눈에 보이는 배우는 한 명이지만, 동시에 두 명의 배우로 존재한다. 나는 옷걸이처럼 보이기 위해서 숨을 아주 천천히 들이마시고, 아주 천천히 내쉬었다. 미세한 움직임도 생기지 않기 위해 온몸에 집중하고, 가만히 서 있었다. 무생물이 될 수는 없었지만 무생물처럼 있었다. 이렇듯 옷걸이처럼 행동한 내가 있었다. 그러면서 동시에 나는 내가 어떻게 숨을 들이마시고 내쉬는지 관찰했다. 조금이라도 숨이 거칠어지면 숨에 집중했다. 내 몸이 떨리는지도 살폈다. 그러면서도 선배님이 하는 대사에 귀를 기울이고 있었다. 선배님이 모자를 집어 드는 것을 알아차릴 수 있도록 신경을 곤두세웠다. 선배님이 퇴장하는 순간 나는 재빨리 옷걸이에서 빠져 나와 다음 역할을 이어갈 준비를 하고 있었다. 옷걸이처럼 행위하고 있는 나를 관찰하는 내가 있었다. 배우 이태화는 무대 위에서 이중적으로 현존했다.

지금 이렇게 글을 쓰는 내가 있다. 그리고 글을 쓰는 나를 보는 또 다른 나도 있다. 글쓰는 행위를 하는 내가 있고, 그것을 관찰하는 내가 있다. 이 둘은 동시에 존재한다. 항상 같이 있다. 떼려야 뗄 수도 없다. 내가 움직일 때마다 항상 둘은 같이 움직인다. 마치 그림자 같다. 다만 우리는 그 사실을 알 수도 있고, 모를 수도 있다. 빛이 있어야 그림자가 보이는 것처럼 우리의 의식에 빛이 비치면 또 다른 내가 보인다. 일상에서도 우리는 이중적으로 현존할 수 있다. 지금 이 책을 읽고 있는 당신이 있고, 이 책을 읽고 있는 당신을 관찰하는 또 다른 당신이 있다. 당신도 지금 이 순간 이중적으로 현존하고 있다.

내가 나와 만날 때

뮤지컬 〈오디션〉 연습 때다. 슬며시 감독의 눈을 뜨고 배우로서의 나를 본다. 연습이 끝나고 집으로 오는 버스 안이다. 기사님 뒤 4번째 줄 창가 자리에 앉아 있다. 기타 가방을 다리 사이에 끼우고 양손으로 껴안았다. 고개는 숙이고 눈을 감았다. 지쳐 보인다. 외롭다. 감독으로서의 내가 배우로서의 나에게 묻는다.

"너는 너를 믿고 있나?"

아니었다. '내가 과연 해낼 수 있을까?', '이렇게 해서 배우가 될 수 있을까?', '너무 힘들다…….'는 말을 하고 있었다. 그날도 눈물이 나왔다. 연거푸 한숨을 쉬었다. 그런데 나를 더 외롭게 하는 것은 나를 의심하고 있는 나였다. 아무도 나를 믿어 주지 않아도, 적어도 나는 나를 믿었어야 했다. 그런데 그러지 못했다. 내가 나를 믿고 있지 않았다. 그때야 알았다. 눈물을 닦고 창밖을 봤다. 오랜만에 고개를 들어서 그런지 풍경이 낯설었다. 매일 지나던 길이 어색했다. 그동안 얼마나 고개를 숙이고 있었는지 알게 됐다.

"그래! 나라도 나를 믿어 주자!"

그날 밤에는 절박한 다짐을 하고 잠들었다. 다음 날, 연습실은 변한 게 없었다. 왕따 같은 느낌과 싸늘하게 느껴지는 시선도 그대로였다. 그런데 덜 외로웠다. 희한했다. 하루 사이에 마음에 여유가 생기고, 조금 당당하기까지 했다. '이러다 죽도 밥도 안 되면 어떡하지?'하고 불안해하던 내가, '이러다 아무것도 안되면 뭐 어떠냐?'하고 태연해졌다. 실력도 그대로고 불확실함도 그대로였지만 당당해진 내가 신기했다. 내가 마음에 들었다. 내가 흐뭇했다. 외로움이 만들어 준 소중한 인연이었다. '세상'이라는 무대 위에서 나는 또 다른 나와 종종 만난다.

인생의 감독이 된다는 것은 일상에서 이중적으로 현존한다는 뜻이다. '세상'이라는 무대 위, '삶'이라는 공연의 여러 역할을 맡을 때, '맡은 역할을 해내는 나'도 있고, 그 역할을 해내고 있는 나를 '관찰하는 나'도 있다. 이 두 명의 내가 함께 하는 것이다. 아들이라는 역할을 하는 나도 있고, 아들 역할을 하는 나를 관찰하는 나도 있다. 학생이라는 역할, 직장인이라는 역할, 친구라는 역할도 마찬가지다. 우리는 여러 역할을 해내고 있는 '어떤 역할로서의 나'도 있지만, 그런 '나를 관찰하는 나'도 있다. 인생의 감독이 되고 감독의 눈으로 나를 본다는 것은 또 다른 나의 눈으로 나를 관찰하는 것을 의미한다.

일상의 이중적 현존은 우리의 행복한 인생 연출을 돕는다. 초목표를 의식하면서 매 순간 행복할 수 있는 선택을 돕고, 여러 역할을 해내는 일상의 메소드 연기를 돕는다. 삶의 역할을 연기하고 있는 주연 배우인 나와 그 장면을 연출하고 있는 감독인 내가 이중적으로 현존할 때 가장 나다운 삶을 살 수 있다.

Self-monitoring

모니터링monitoring, 배우는 자신이 연기한 모습을 본다. 영화를 찍을 때는 영상으로 직접 보고, 무대에 설 때는 감독의 눈으로 본다. 이중적 현존은 실시간 모니터링과도 같다. 자기 모니터링Self-monitoring은 자신의 생각, 감정, 행동을 스스로 관찰하고 나아가 조정할 줄 아는 능력이다. 자기 모니터링 경향이 높은 사람high self-monitoring은 상황에 따라 자신의 행동을 바꿀 줄 안다. 상대적으로 자기 모니터링 경향이 낮은 사람low self-monitoring은 외부에 관심이 낮고, 자신의 내적인 상태에 따라 행동을 결정한다.

지금 이 순간, 당신은 『인생 연출』을 읽고 있다. 어떤 자세를 취하고 있나? 몸이 한쪽으로 기울어져 있을까? 다리를 꼬고 앉아서 읽고 있을까? 혹은 다리를 떨고 있지는 않을까? 목은 어떨까? 거북목처럼 쭉 빠져지는 않은지 궁금하다. 턱을 괴고 있을까? 다시 몇 초가 흐른 지금 이 순간, 당신은 어떤 표정을 짓고 있나? 피식 웃었을까? 미간을 찌푸리고 있을까? 마치 CCTV를 달아 놓은 것처럼 당신을 보고 있는 것 같을 수도 있겠다. 당신은 당신이 보이는가? 거울 없이도 자신을 볼 수 있는가? 내면으로 들어가서 지금 이 순간 무슨 생각을 하고 있나? 페이스북도 종종 이렇게 묻는다.

무슨 생각을 하고 계신가요?

우리는 생각에 대해서 생각할 수 있다. 무엇을 아는지 알 수 있고, 무엇을 모르는지도 알 수 있다. 이런 능력을 인지심리학에서는 '상

위 인지', '초인지' 또는 Meta Cognition의 Meta를 그대로 번역해서 '메타 인지'라고도 한다. 메타는 그리스어로 '~에 대하여[about]'라는 뜻이다. Meta Cognition은 '인지에 대한 인지'를 뜻한다. 메타 '인지'만 있는 것은 아니다. 메타 '감정'도 있다. Meta-emotion은 '초감정', '감정에 대한 감정'이다. 지금 이 순간, 어떤 감정을 느끼고 있나? 메타 감정은 어떤가? 당신이 느끼고 있는 감정에 대해서 어떤 감정이 드나?

우리는 생각하고, 느끼는 자신에 대해서 생각하고, 느낄 수 있다. 생각하는 내가 배우라면 '생각하는 나'를 보는 나는 감독이다. 감정을 느끼는 내가 배우라면 '감정을 느끼는 나'에 대해 감정을 느끼는 나는 감독이다. 감독으로서 배우를 볼 수 있고, 배우에 대해서 생각할 수 있고, 배우에게 감정을 느낄 수 있다. 결국 내가 나를 관찰하고, 내가 나에 대해서 생각하고, 내가 나에 대해 감정을 느낄 수 있다.

당신은 당신에 대해서 어떻게 생각하나? 당신은 당신에게 어떤 감정을 느끼나? 감독으로서의 당신은 배우로서 당신이 마음에 드는가? 지금 이대로도 괜찮나? 혹시 당신이 『인생 연출』을 읽고 있는 이유가 변화를 위한 것이라면 어떤 변화를 원하나? 감독으로서 당신은 배우로서 당신에게 어떤 디렉션[direction]을 주고 싶은가?

우리는 생각하고 느끼는 자신에 대해 생각하고 느낄 수 있다.

무대를 내려오면

한 줄 평을 남겨라

다음 공연을 위한 노트

공연이 끝난 후에 무대 뒤는 어떤 모습일까? 관객이 다 빠져나갔을 때 배우들은 뭘 하고 있을까? 배우가 되기 전에는 무척 궁금했었다. 공연을 보고 나면 일부러 천천히 나오면서 무대 쪽을 몇 번씩 쳐다보곤 했다. 물론 배우들은 가장 먼저 옷을 갈아입는다. 분장을 지우고 중요한 소품들은 미리 챙겨 놓기도 한다. 샤워를 해야 할 정도의 역할이었다면 샤워를 할 수도 있다. 분주하게 퇴근 준비를 하는 모습은 공연하는 사람들도 비슷하다.

매일 그렇진 않지만 공연이 끝나고 피드백을 하기도 한다. 보통 "연출님의 노트가 있다."는 표현을 쓴다. 공연 기간 초반에는 여러 면에서 개선해야 할 것들이 많다. 연습 때 잘 되던 것들이 막상 공연 때 안 되기도 하고, 스태프와 배우들의 호흡이 맞지 않는 경우도 있다. 더 좋은 공연을 만들기 위해서 조금 더 잘 할 수 있는 것들을 찾아야 한다. 그리고 다음 공연에 반영해야 한다.. 연출님의 작업 방식과 작품에 따라 다양한 방법이 있지만 종종 그 날 공연의 한 줄 평을 공유할 때가 있다. 배우들도 스스로 한 줄 평을 생각해 보는 건 좋은 성찰 기회가 된다.

'세상'이라는 무대 위, '삶'이라는 공연에서는 어떨까? 하루, 일 주일, 한 달…. 어떤 단위로든 자기가 맡은 역할을 얼마나 잘 해내고 있는지, 인생의 초목표를 향한 길에서 벗어나지는 않았는지, 스스로 원하는 장면을 잘 만들고 있는지 돌아볼 수 있다. 더 나아가서는 '삶'이라는 공연이 완전히 끝났을 때 스스로 한 줄 평을 남긴다면 뭐라고 하고 싶을지 생각해볼 수 있다.

"내가 죽은 다음 날, 나에 대한 기사가 신문에 실린다면 어떤 내용으로 실릴까?"

이 질문으로 대학생 때 리포트를 썼었다. 상상 속의 신문기사를 작성하면서 처음으로 삶의 마지막 장면을 상상했다. 헤드라인은 '무대 위의 자유인'으로 정했다. 그리고 상상 속의 나는, '무대 위에서, 사람들 앞에 설 때 가장 자유롭고, 행복할 수 있었다.'는 말을 남겼다. 지금 읽으면 손발이 오그라들긴 하지만, 꽤 진지하게 죽음을 생각했었다.

작품의 끝을 생각하고 시작한다면, 작품을 만드는 과정이 달라질 수 있다. 끝을 생각하기 전과 후는 선택이 달라진다. 선택의 기준도 바뀐다. 마지막 장면을 위해서 최선의 선택을 하게 된다. 작품의 끝을 떠올리는 것은 행복한 인생으로 연출할 수 있는 선택의 기준을 마련해 준다.

"당신의 '인생'이라는 연극은 어떤 작품으로 기억되고 싶은가?"

"작품 안에서 당신은 어떤 주인공으로 기억되고 싶은가?"

"당신이 만든 인생을 한 줄로 표현한다면 어떤 인생이었다고 말하고 싶은가?"

영웅에게 배운 죽음

육교 위에 네모난 상자 속에서
처음 만난 노란 병아리 얄리는
처음처럼 다시 조그만 상자 속으로 들어가
우리 집 앞뜰에 묻혔다.
나는 어린 내 눈으로 처음 죽음을 보았던
1974년의 봄을 아직 기억한다.

– N.E.X.T '날아라 병아리' 중에서

'날아라 병아리'는 고(故) 신해철님이 처음 '죽음'이라는 사건을 겪었던 경험을 바탕으로 만든 노래다. 그는 자신이 키우던 노란 병아리 '얄리'가 세상을 떠나면서 처음 죽음에 대해 생각했다고 한다. 그리고 40년이 지난 2014년 그가 죽음을 맞이했다.

신해철님은 나의 영웅이었다. 가장 좋아하는 뮤지션이었다. 그가 쓴 노랫말은 나에게 인문학 교과서였다. 그가 세상을 떠나고 며칠 후 친구와 추모식을 가졌다. 그의 노래를 함께 불렀다. '50년 후의 내 모습'은 처음으로 나이가 든 내 모습을 상상하게 한 노래다. 늙는다는 것이 실감나지 않았지만 어떤 모습으로 세월에 떠다니고 있을지 궁금했다. '우리 앞의 생이 끝나갈 때'는 노래이자 질문이다. 우리는 무엇을 찾아서 이 세상에 왔는지 묻는다. 죽음 앞에서 지나간 세월에 후회 없다고 말할 수 있는지 묻는다. '민물장어의 꿈'도 빼놓지 않았다. 특히 '민물장어의 꿈'은 신해철님이 살아 계실 때 자기의 장례식에 울려 퍼질 노래라고 직접 말했다. 그리고 실제로 그의 장례식 때 아들이 불렀다.

'삶'이라는 공연이 끝날 때, 과연 미련 없이 막을 내릴 수 있을까? 그 때는 어떤 음악이 흐르고 어떤 사람들이 함께 할까? 아무도 내게 말해 주지 않는, 정말로 내가 원하는 장면은 어떤 장면일까? '삶'이라는 작품의 마지막 장면은 죽음이다. 우리는 모두 마지막 장면을 남기고 떠나야 한다. 그러면 우리의 작품도 끝난다. 어떻게 죽을지 알면, 어떻게 살지 알게 된다. 우리는 살아가지만 죽어간다. 마지막 장면을 향해 간다. 인생의 마지막 장면은 우리에게 많은 것을 생각하게 한다. 우리가 원하는 마지막 장면을 만들기 위해 삶을 어떻게 편집해야 할지 알려 준다. 어떤 장면들을 만들어야 원하는 장면에 다다를지 생각하게 한다. '삶'이라는 작품이 엄청난 반전 드라마가 되지 않는 한 우리가 지금 이 순간 만드는 장면이 마지막 장면의 복선이 된다. 미래의 우연을 계획한다.

인생에서 가장 기억에 남는 장면은?

'인생 명장면'을 꼽으라고 하면 버릴 수 없는 장면이 있다. 2002년 한일 월드컵이 열릴 때다. 온 국민이 미쳐 있었다. 당시 한양대학교 응원단장과 한국대학교 응원단 협회장으로 활동하느라 응원에서만큼은 누구 못지않게 확실히 미쳐 있었다.

"대~한민국! 짝짝짝! 짝짝!"

"기~말 포기! 짝짝짝! 짝짝!"

한국의 8강 진출이 확정되던 날에는 도서관을 둘러싸고 기말고사 포기를 외쳤다. 그땐 기말고사보다 월드컵을 즐기며 온 국민을 하나로 만드는 것이 더 중요한 일이라고 굳게 믿었다. 아직도 생에 가장 열정적인 순간이 언제냐는 질문에는 서슴없이 2002년 여름을 꼽는다.

첫 직장 면접 시험 때, 2002년의 명장면을 리메이크했다. 경쟁률 5:1 최종 면접이었다. 한 조에 5명씩 들어가서 한 조에 한 명 꼴로 합격될 거라는 얘기가 돌았다. 나는 초반부터 별다른 주목을 받지 못했고 질문도 받지 못했다. 시간이 흐를수록 초조해졌다. 다른 경쟁자들에 비해 스펙이 좋지 않던 터라 결정적인 한방이 필요했다. 그런데 질문을 받지 못하니까 한방이고 뭐고 보여 줄 기회가 없었다. 면접이 점점 막바지로 흘렀다. 면접관 한두 분이 서류를 정리하기 시작했다. 거의 끝나는 분위기였다. 끝으로 한 사람당 1분의 시간이 주어졌다. 마지막으로 하고 싶은 말과 입사 후 포부를 밝히라고 했다. 가장 먼저 내 차례였다. 준비했던 걸 안 하고 나가면 후회할 것 같았다. 떨어지더라도 하고 나가자고 마음 먹었다. 일단 휴대전화를 꺼냈다. 수십 번 연습한 대로 음악을 틀었다. 지원한 회사의 프로 농구팀 응원가가 흘러나왔다.

"최강 승리 군단! 이지스와 함께! 워워워! 워우워~"

익숙한 응원가에 면접관 몇 분이 웃었다. 함께 면접을 보던 지원자들은 놀란 표정으로 얼음이 되었다. 지원자 네 명이 일제히 나를 쳐다봤다. 그들은 허리를 꼿꼿이 세우고, 주먹은 말아 쥔 채로 허벅지에 올리고 있었다. 고개만 왼쪽으로 돌리고, 휘둥그레진 눈으로 나를 바라봤다. 그 순간,

"박수는 머리 위로!"

어색함을 이겨 보려고 멘트를 날렸다. 황당해 하던 면접관들이 박

수를 치기 시작했다. 정말 머리 위로 박수를 쳐 주던 분도 있었고, 마지막까지 팔짱을 낀 채로 지켜보던 분도 있었다. 아빠 미소로 웃어주시던 분들, 너털웃음을 터뜨리신 분도 있었다. 결정적 한 방이라고는 응원단장 경력밖에 없었다. 공부보다 열심히 한 걸 보여 줘야 했다.

"3초간 함성! 발! 사!"

갈 데까지 갔다. 그렇게 많이 외쳐 본 말이지만 민망해서 죽을 것 같았다. 그래도 쪽팔림은 순간이라고 했다. 그렇게 미친 응원으로 1분을 채웠다. 긴장해서 연습한대로 잘 되지 않았다. 하지만 엄숙한 분위기에서 그 이상 잘 할 수도 없었다. 해 본 응원 중에 가장 힘든 응원이었다. 어색한 박수를 받고 자리에 앉았다. 동작은 어떻게 했는지 기억나지 않았다. 심장이 쿵쾅거렸다. 태어나서 처음으로 심장소리가 귀로 들리는 경험을 했다. 이어서 다른 지원자들의 1분이 이어졌다. 하지만 뭐라고 하는지 들리지 않았다. 그렇게 나는 엄숙한 신입사원 면접장에서 '3초간 함성 발사'를 외친 사람이 되었다. 그리고 며칠 후, 합격 통보를 받았다.

2002년 인생의 명장면을 통해 '미치지 않으면, 미치지 못한다.'는 것을 배웠다. 5년 후, 나는 미치기 위해 다시 한 번 미치는 것을 선택했다.

"가장 열정적이었던 때는 언제인가?"

"가장 찬란했던 순간은 언제인가?"

"가장 행복했던 순간은 언제인가?"

위 질문에 어떤 장면이 떠오를까? 생애 최고의 순간, 인생 명장면에 힌트가 있다. 내가 어떤 선택들을 했고, 그 선택들은 어떤 의미가 있었는지 알 수 있다. 무엇을 성취했는지, 어떤 일에 매력을 느꼈고, 어떤 성장을 했는지, 어떤 가치를 추구했으며, 어떤 가치를 실현시켰는지, 어떤 노력을 하면서 어떤 강점을 발휘했는지, 어떤 약점을 발견했는지, 어떤 역할을 해냈고, 어떤 사람으로 기억되었는지, 어떤 점을 인정받았는지, 어떤 역량을 발휘했고, 어떤 것이 어려웠고, 어떤 것이 쉬웠는지 알 수 있다.

인생 명장면은? 다시 시간을 돌려도 같은 선택을 할 것이라고 확신하는 선택은? 그 선택들은 앞으로 내가 할 선택에 어떤 영향을 미칠까? '세상'이라는 무대 위, 우리는 이미 멋진 장면을 만들어 온 주인공이다.

NG 장면은 버려라

편집을 위한 4가지 선택

하루를 돌아보면서 생각해 본다.

1) 지워버리고 싶은 장면은 어떤 장면인가?

2) 짧게 줄이고 싶은 장면은 어떤 장면인가?

3) 새롭게 추가하고 싶은 장면은 어떤 장면인가?

4) 더 길게 늘이고 싶은 장면은 어떤 장면인가?

통편집으로 날려 버리고 싶은 장면도 있고, 과하다 싶어서 줄이고 싶은 장면도 있다. 그때 차라리 다른 장면을 만들 걸 하는 아쉬운 장면도 있고, 어떤 장면은 영원히 지속되고 싶어 아련해진다. 하루뿐 아니라 일주일, 한 달, 일 년을 돌아봐도 마찬가지다. 그렇다면 지나간 장면이 아니라 앞으로 만들 장면들은 어떨까? 같은 선택으로 NG를 반복하지 않기 위해서 어떻게 해야 할까? 삶의 장면을 바꾸기 위해서 우리가 할 수 있는 선택은 크게 다음 4가지로 생각할 수 있다.

1) 더 이상 하지 않는다.

2) 줄인다.

3) 늘인다.

4) 새로운 것을 한다.

삶은 결국 한정된 시간 안에 무엇을 하느냐다. 우리에게는 매일 24시간이라는 필름이 주어진다. 24시간짜리 공연을 할 수 있다. 24시간 안에 어떤 장면을 담을 것인가 선택해야 한다. NG가 나면 그걸로 끝이다. 돌이킬 수 없는 시간은 계속 흘러간다. 인생을 행복하게 연출하고 싶다면 어떤 선택을 할 것인가? 지금 하고 있는 것을 멈출 것인가? 조금 줄일 것인가? 아니면 늘릴 것인가? 아니면 지금까지 해보지 않은 새로운 것을 할 것인가? 소중한 시간에 NG 장면을 담지 않기 위해 우리는 4가지 중 하나를 선택해야 한다. 햄버거를 예로 들어서 어떤 선택을 할지 생각해보자. 만약에 4가지 햄버거 중에 하나를 선택해서 먹어야 한다면 어떤 햄버거를 선택할 것인가?

1) 먹을 때 맛은 있지만, 먹고 나면 몸에 안 좋은 햄버거

2) 먹을 때 맛도 없고, 먹고 나면 몸에도 안 좋은 햄버거

3) 먹을 때 맛은 없지만, 먹고 나면 몸에 좋은 햄버거

4) 먹을 때 맛있고, 먹고 나면 몸에도 좋은 햄버거

하버드 대학교 탈 벤 샤하르 교수는 4가지 햄버거 이야기로 사분면을 만들었다. 이른바 행복 사분면*이다. 먹을 때 맛이 있느냐 없느냐는 현재에 이익이 되느냐 아니냐를 의미한다. 마찬가지로 먹고 나면 몸에 좋냐 좋지 않냐는 미래에 이익이 되느냐 아니냐를 의미한다.

1) 먹을 때 맛은 있지만, 먹고 나면 몸에 안 좋은 햄버거

= 현재에 이익이 되지만, 미래에 이익이 되지 않는 선택

2) 먹을 때 맛도 없고, 먹고 나면 몸에도 안 좋은 햄버거

= 현재에도 이익이 되지 않고, 미래에도 이익이 되지 않는 선택

3) 먹을 때 맛은 없지만, 먹고 나면 몸에 좋은 햄버거

= 현재에는 이익이 되지 않지만, 미래에는 이익이 되는 선택

4) 먹을 때 맛있고, 먹고 나면 몸에도 좋은 햄버거

= 현재에도 이익이 되고, 미래에도 이익이 되는 선택

어떤 햄버거를 선택하겠는가? 대부분의 사람들이 '먹을 때 맛있

* 탈 벤 샤하르, 『해피어』, 위즈덤하우스, 2007

고, 먹고 나면 몸에도 좋은 햄버거'를 고른다. 햄버거를 예로 들면 선택이 쉽다. 그런데 현실은 그렇지 못하다. 마치 맛없는 햄버거를 몸에 좋다며 꾸역꾸역 먹는 것 같은 선택을 한다. 몸에 안 좋은 줄 뻔히 알면서 정크푸드의 맛에 넘어가는 것처럼 현재에만 이익이 될 뿐 미래에 전혀 이익이 되지 않는 선택도 한다. 일상의 많은 선택들이 그렇다. 매번 현재와 미래에 모두 이익이 되는 선택을 하기는 어렵다. 항상 맛도 좋고 몸에도 좋은 햄버거만 먹고 살 수 없다. 그러나 다른 햄버거를 조금 덜 먹는 것은 가능하다. 맛이 없거나 몸에 안 좋은 햄버거를 먹는 것과 같은 선택을 줄이는 것이다. 더불어 현재와 미래에 모두 이익이 되는 선택을 늘일 수도 있다. 맛도 좋고 몸에도 좋은 햄버거처럼 현재와 미래에 이익이 되는 선택을 많이 할수록 인생은 행복해진다는 것이 행복 사분면의 핵심이다. 각 사분면에는 이름도 붙였다. 현재와 미래 모두 손실이 되는 것은 '허무주의', 현재에는 손실이지만 미래에는 이익이 되는 것은 '성취주의', 현재에는 이익이지만 미래에는 손실이 되는 것은 '쾌락주의', 현재와 미래 모두 이익이 되는 것은 '행복'으로 표현했다.

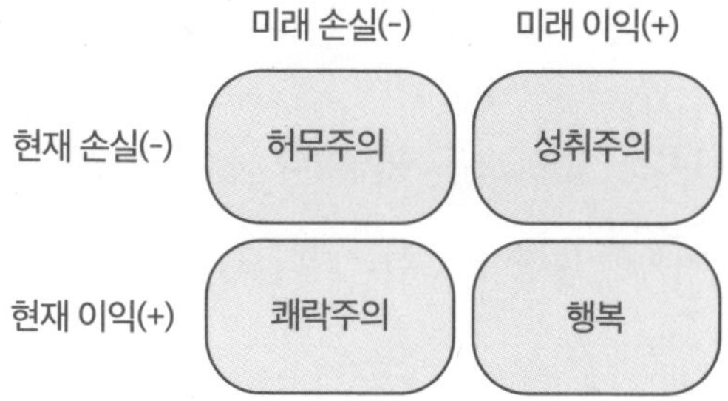

1) 더 이상 하지 않거나

2) 줄이거나

3) 늘이거나

4) 새로운 것을 하는 선택은

1) 현재에 이익이 되지만, 미래에 이익이 되지 않는 선택

2) 현재에도 이익이 되지 않고, 미래에도 이익이 되지 않는 선택

3) 현재에는 이익이 되지 않지만 미래에는 이익이 되는 선택

4) 현재에도 이익이 되고, 미래에도 이익이 되는 선택 중 하나다.

결국 선택으로 채워진 장면이 쌓여서 '삶'이라는 작품이 완성된다. 현재와 미래에 모두 도움이 되지 않는 선택은 NG다. 현재와 미래에 모두 도움이 되는 선택은 OK다. 명배우는 NG 장면을 거의 만들지 않는다.

우연은 없다

우연처럼 보이는 것도 모두 필연이다. 선택이 필연을 만든다. 우연은 선택이 계획한 필연이다. 한국리더십센터에서 일했던 것은 우

연이 아니었다. 2006년에 이메일을 쓴 선택으로 시작된 필연이었다. 받는 사람은 한국리더십센터 회장님이었다. 메일을 보내고 며칠 후 한국리더십센터 회장님을 보좌하시던 분께 전화가 왔다.

"회장님께서 미국 출장 중이신데요. 메일 한 통을 전달하시면서 이태화 씨를 도와주라고 하셔서 연락 드렸습니다. 저희가 어떻게 도와드리면 될까요?"

"아! 진짜요? 감사합니다! 제가 리더십 장학생에 지원하고 싶은데 어떻게 하면 선발될 수 있나요?"

"하하하!"

전화하신 분이 왜 웃는지 몰랐다. 리더십 교육을 듣고 싶었지만 돈이 없었다. 딱히 방법도 없었다. 한국리더십센터의 홈페이지에서 교육비를 확인하는 순간, '우와 XX!'하고 욕이 나왔다. 3일 교육비가 770,000원이었다. 0을 하나 잘못 센 줄 알고 다시 봤다. 아니었다. 역시 이번 생은 아닌가? 이런 교육은 부잣집 자식들이나 듣는 건가? 부정적인 기운이 모락모락 피어났다. 당장 인터넷 창을 닫아버리고 싶었다. 화면 오른쪽 위 꼭대기로 마우스를 옮겼다. X를 클릭하려다가, 잠깐! 미련이 남았다. 휴……. 한숨이 나왔다. 그냥 여기저기를 클릭했다. 그러다가 우연히 화면 왼쪽에 조그마한 메뉴를 발견했다.

'리더십 장학생'이라는 메뉴였다. 클릭하는 순간, 대박이었다. 일단 리더십 장학생이 뭔지 읽었다. 금방 세상에 저주를 퍼부을 것 같던 부정적인 태도는 온데간데없이 사라졌다. 이거다 싶었다. 리더십 장학생은 한 달에 한 명씩 한국리더십센터 교육에 무료로 초청하는 이벤트였다. 리더십 장학생에 지원하는 글을 홈페이지에 올리면 심사를 거쳐서 한 달에 한 명이 당첨된다. 일단 먼저 올라온 글을 확인했다. 이미 올라 온 글들을 보니 주눅이 들었다. 교육을 듣고 싶어 하는 진심이 나에게도 전해졌다. 그냥 썼다가는 선정되지 않을 게 뻔했다. 그들보다 나의 절심함을 더 인상 깊게 전해야 했다. 간절했다. 그러다가 아까 봤던 '회장님 소개'가 생각났다. 다시 그 메뉴로 돌아가서 메일 주소를 확인하고 글을 썼다.

'한국리더십센터 회장님께'

단도직입적으로 어떻게 하면 리더십 장학생에 잘 선발될 수 있는지 알려달라고 했다. 그리고 며칠 후 전화를 받았다. 그래서 물어 봤다.

"제가 리더십 장학생에 지원하고 싶은데 어떻게 하면 선발되나요?"

나중에 알고 보니 전화를 주셨던 분이 리더십 장학생을 선발하는 담당자였다. 담당자에게 대놓고 어떻게 하면 선발이 잘 되냐고 물어본 셈이었다. 지원하는 글을 수십 번 고쳐 썼다. 그리고 며칠 후 홈페이지에 공지가 떴다.

2006년 12월 리더십 장학생을 아래와 같이 선정 발표합니다.

성함: 이태화 / 교육: 성공하는 대학생들의 7가지 습관

당첨됐다. 얼마나 기뻤던지, 이번엔 욕 대신 '아싸!'를 연발했다. 우연이었다. 리더십 교육을 듣고 싶었던 것, 리더십 장학생을 알게 된 것, 그리고 담당자와 통화를 하게 된 것, 모두 우연이다. 그런데 그 우연들이 나의 검색으로, 클릭으로, 내가 쓴 메일로 만들어졌다. 모두 나의 선택들이다. 그때는 몰랐다. 내가 선택을 하고 있다는 것조차 몰랐다. 당연히 우연의 사건들을 내가 만든다는 것도 몰랐다. 나의 선택들이 다가올 우연을 계획하고 있었다는 것은 상상조차 하지 못했다. 우연은 선택이 만드는 필연이다.

연출이 바뀌면 다 바뀐다

사느냐, 죽느냐 그것이 문제로다.

– 셰익스피어, <햄릿> 중에서

1601년. 햄릿이 탄생했다. 그리고 400년이 지난 오늘도 햄릿은 공연되고 있다. 하나의 희곡도 매번 다른 공연이 될 수 있다. 우리의 삶도 마찬가지다. 연출에 따라 완전히 다른 작품이 될 수 있다.

뮤지컬 〈곤, 더 버스커Gon, The Busker〉도 그랬다. 연습 중에 마지막 장면을 보완하기 위해 회의를 했다.

"마지막은 뭔가 화려한 퍼포먼스로 끝나는 게 좋을 것 같다."

"단순히 화려한 퍼포먼스로 끝내기에는 이야기 앞뒤가 맞지 않다."

"마지막 장면은 다시 첫 장면으로 전환해서 끝내고 싶다."

"주인공들의 뒤 이야기를 너무 보여 주는 것 같다. 관객들의 상상에 맡기는 것이 더 좋을 것 같다."

감독과 배우들은 의견이 분분했다. 누구의 생각도 틀리지 않았다. 결국 첫 번째 극장에서 공연할 때는 화려한 퍼포먼스로 막을 내렸다. 여러 의견 중에 최선의 대안을 실험한 셈이었다. 그럼에도 불구하고 더 좋은 공연이 되기 위한 모임을 가졌을 때, 마지막 장면에 대한 아쉬움이 쏟아졌다. 두 번째 극장으로 옮기면서 마지막 장면을 수정했다. 배경은 조용한 길거리로 바꾸고, 화려한 퍼포먼스는 없앴다. 공연은 3개의 극장을 돌며 크게 두 번 바뀌었다.

"완전히 다른 작품이 됐어."

3개의 극장 공연을 모두 본 사람이 말했다. 같은 작품이 완전히 다른 작품이 됐다고 했다. 세 번째 극장으로 옮길 때는 안무가 모두 바뀌었다. 바뀐 안무를 다시 연습하느라 몸무게도 2kg 빠졌다. 배우와 스태프 모두 힘들었지만 더 좋은 작품으로 만들기 위한 최선이었다. 같은 공연도 편집에 따라 다른 작품이 될 수 있다.

노래를 빼거나 추가하는 것, 안무에 따라 동선을 바꾸는 것, 마지막 장면을 새롭게 하는 것, 모두 선택의 문제다. 편집은 선택이다. 선택의 결과가 작품으로 완성된다. 그 선택에 따라 같은 작품이 다른 작품이 되기도 한다. 공연을 만드는 사람들은 선택의 결과를 보여주기 위해 관객의 선택을 기다린다.

'삶'이라는 공연도 마찬가지다. 스스로 연출하는 주체로서 각자의 삶을 편집한다. 매 순간의 선택으로 장면을 만든다. 때로는 지워버리고 싶은 NG 장면도 만든다. 오래 기억하고 싶은 명장면도 남긴다. 좋든 싫든 선택으로 만들어진 장면이 쌓인다. 지금까지와 다른 삶을 살고 싶다면 다른 선택이 필요하다. 같은 선택으로 NG를 반복하면서 명장면을 기대하는 것은 미련한 짓이다. 선택을 바꾸면 삶이 바뀐다. 연출은 곧 선택이다. 연출이 바뀌면 인생이 바뀐다.

롤플레잉하라

나는 나의 페르소나

'마틴 스콜세지 & 레오나르도 디카프리오', '팀 버튼 & 조니 뎁', '오우삼 & 주윤발' 이 세 쌍의 공통점은 무엇일까? 힌트는 '봉준호 & 송강호', '김지운 & 이병헌', '윤종빈 & 하정우', '류승완 & 류승범'. 정답은, '감독 & 배우'이다. 더 나아가 감독과 그들의 '페르소나'로 불리는 배우들이다. 영화감독들은 자신의 영화 세계를 대변할 수 있는 대역으로서 특정 배우와 작업할 때가 있다. 이때 그 배우는 감독의 '페르소나'라고 불린다. 영화에서 '페르소나'는 감독의 분신이자 특정한 상징을 표현하는 배우를 일컫는다.

송강호 배우는 봉준호 감독과 영화 〈살인의 추억〉, 〈괴물〉, 〈설국열차〉, 〈기생충〉 총 4편을 함께 했다. 봉준호 감독이 각본을 쓴 영화

〈남극일기〉까지 포함하면 5편이다.

영화 〈기생충〉 제작 보고회에서 송강호는 '봉준호의 페르소나'라고 불리는 것에 대해 "봉준호 감독의 페르소나라는 말은 정말 영광스럽다. 봉준호 감독은 매번 놀라운 상상력과 통찰력을 보여 주고 끝없이 도전하는 분"이라고 했다.* 이병헌 배우는 김지운 감독과 영화 〈달콤한 인생〉, 〈좋은 놈, 나쁜 놈, 이상한 놈〉, 〈악마를 보았다〉, 〈밀정〉 네 편의 영화를 함께 했다. 이병헌 배우는 김지운 감독과의 관계에 대해서, '담배 같은 사이'라고도 했다.** 좋은 것은 아니지만 없으면 허전하다는 의미다. 둘의 친분을 참 재치있게 표현한 것 같다. 하정우 배우는 윤종빈 감독의 영화 가운데 〈용서받지 못 한 자〉, 〈비스티 보이즈〉, 〈범죄와의 전쟁〉, 〈군도〉 4편에 출연하며 윤종빈의 페르소나로 불리었다. 두 사람은 대학교 동문이기도 하다. 하정우는 연극 전공, 윤종빈은 영화 전공이었다.

저는 감독 지망생입니다.

나중에 시나리오를 쓰면 선배님께 먼저 보내드릴게요.

윤종빈 감독이 하정우의 SNS 미니홈피 방명록에 글을 남겼고, 2년 만에 시나리오를 보냈다고 한다. 그 때의 시나리오 〈용서받지 못 한

* 아시아경제, 연예스타, 2019. 5. 28

** MBC 섹션티비연예통신, 2010.7.9

자〉로 그들은 칸 영화제에 갔다. 류승완 감독과 류승범 배우는 친형제 사이이다. 둘은 〈죽거나 혹은 나쁘거나〉, 〈피도 눈물도 없이〉, 〈아라한 장풍 대작전〉, 〈주먹이 운다〉, 〈다찌마와 리 – 악인이여 지옥행 급행열차를 타라〉, 〈부당거래〉, 〈베를린〉에서 함께 작업했다. 류승완 감독의 영화 중에 류승범이 함께 하지 않은 작품을 찾는 것이 더 빠를 수도 있겠다. 류승범이 출연하지 않고, 류승완 감독이 직접 주연을 맡은 영화 〈짝패〉가 있다. 〈짝패〉에서 류승완 배우의 연기를 보면서 나도 모르게 류승범 배우가 떠오른 적이 있다. 외모는 아주 다른 느낌을 주지만 뭔가 말로 설명할 수 없는 비슷한 느낌이 있다. 류승범은 정말 류승완의 분신과도 같은 페르소나다.

영화감독에게 자신의 분신이 ‘페르소나‘인 것처럼, 배우에게 ‘페르소나’는 배우 자신의 분신을 뜻하기도 한다. 그런 의미에서 페르소나는 배우가 ‘창조한 자아상自我像’이라고 할 수 있다. 창조란 전에 없던 것을 만들어 내는 것이다. 연기도 원래 있던 인물을 흉내 내는 것이 아니라 새로운 인물을 만들어 내는 것이다. 배우가 연기를 통해서 새롭게 만들어 낸 ‘또 다른 나’가 페르소나다. 배우가 창조한 또 다른 나의 모습이다. 페르소나는 감독의 분신, 때로는 배우의 창조된 분신이다.

역할 가면 쓰고 벗기

설국열차에 탄 캡틴 아메리카?

아이언맨이 된 셜록홈즈?

올드보이 이순신?

영화 〈설국열차〉의 주인공이 캡틴 아메리카 '크리스 에반스'다. 덥수룩하게 기른 수염이 얼굴을 가려서 그렇기도 했지만 캡틴 아메리카의 느낌과 정말 많이 달랐다. 영화 〈셜록홈즈〉의 주인공은 아이언맨 '로버트 다우니 주니어'다. 최민식은 영화 〈올드보이〉 후 11년이 지나 〈명량〉의 이순신이 되었다. 배우는 작품에 따라 다른 인물로 변신한다. 그 인물의 역할 가면을 쓰고, 다른 페르소나를 창조한다.

페르소나persona는 고대 그리스에서 배우들이 썼던 가면을 일컫는 것으로 알려져 있다. 당시의 배우들은 역할에 따라 다양한 가면을 쓰고 연기했다. 배우가 가면을 쓴다는 것은 동물로 변신하거나 때로는 신이 될 수도 있다는 것을 상징했다. 한때 가면은 인격을 변화시키는 매개물이라고 믿었고, 배우가 가면을 쓰면 배우의 인격도 변하는 것 같은 극적 몰입을 경험했다. 그래서 당시의 가면은 새로운 역할을 창조해 내는 중요한 도구였다. 역할을 바꾸고, 역할을 연기하는 매개체였다. 현대에는 특정한 가면극이 아닌 경우에 배우가 실제 가면을 쓰지 않는다. 그러나 지금도 배우는 초목표 달성을 위해 보이지 않는 역할 가면을 쓴다. '페르소나'는 '보이지 않는 가면'이다.

우리는 모두 다른 사람과의 관계나 역할에 따라 다양한 가면을 쓴다. 상황과 장소에 따라 변화하는 '○○으로서의 나'가 있다. 보이지 않는 가면, '○○으로서의 나'라는 페르소나를 쓴다. 서울대학교 김난도 교수가 이끄는 서울대 소비트렌드 분석센터에서는 2020년 소비트렌드 중 하나로 '멀티 페르소나Multi-persona'라는 개념을 제시하기도 했다. '다중적 자아'라고도 하고, 개인이 상황에 맞게 다른 사람으로 변신하여 다양한 정체성을 표현하는 것을 의미한다.

페르소나persona의 어원을 쫓아가면 'per'라는 단어와 'sonare'라는 단어를 만난다. per는 '~을 통해서', sonare는 '소리 내다'는 뜻이다. 어원만 보면 페르소나는 '~을 통해서 소리 내다'는 뜻이다. 고대 그리스에서 배우들이 썼던 가면을 '페르소나'라고 했던 것도 이런 의미에서 비롯되었다. 가면은 얼굴을 덮고 있지만 입 부분은 크게 뚫려 있어서 배우들의 목소리를 전달할 수 있었다. 가면 입 부위의 뚫린 곳을 '통해서' 배우의 '소리를 낸다'는 뜻에서 페르소나는 가면을 의미했다. 영어의 person, 프랑스어 personne, 독일어 person의 '사람'도 모두 페르소나persona라는 단어에서 파생되었다. 가면을 의미했던 페르소나가 연극의 배역, 등장인물의 성격character이라는 뜻을 아우르게 되고, 나아가 '사람'이나 '인격'이라는 의미로 발전했다.

인간은 보이지 않는 가면을 통해서 자기 내면의 소리를 내는 존재다. '가면'이라는 말 때문에 페르소나가 자칫 '거짓된 인격', '자신의 가짜 모습'이라는 부정적인 느낌을 줄 수도 있다. 그러나 페르소나는 깨어 부수어야 할 나쁜 가면이 아니다. 스위스의 심리학자이자 정신과 의사인 칼 구스타프 융Carl Gustav Jung도 페르소나라는 말을 사용했다. 융은 인간이 천 개쯤 되는 페르소나를 지니고 있다고 했다. 우리는 상황에 따라 적절한 페르소나, 즉 가면을 쓰고 관계를 이룬다. 외면적으로 보이기 원하는 자기 모습, 사회적 역할에 따라 변화하는 '○○로서의 나' 의 모습이 곧 페르소나다.

"페르소나란 한 개인이 세상에 적응하기 위해서 사용하고 있는 체계 또는 그가 사용하고 있다고 생각되는 태도를 가리킨다. 모든 직업은 모두 그의 독특한 페르소나를 가지고 있다."

-칼 구스타프 융

융도 페르소나를 부정적인 것으로만 생각하고 없애야 할 것으로 보지 않았다. 오히려 페르소나의 긍정적인 측면을 강조했다. 우리는 페르소나가 있음으로 해서 다른 사람들과 원만한 인간 관계를 맺고 살 수 있고, 페르소나가 사회 생활에서 원활히 기능할 때 우리들의 정신 건강도 유지될 수 있다고 했다.

페르소나는 우리에게 주어진 역할을 충실히 수행하기 위해 창조한 분신이다. 보이지 않는 가면이다. '배우로서의 나'다. 페르소나는 '세상'이라는 무대 위에서 역할을 연기하는 나(자기 자신)이다. 우리는 누구나 페르소나라는 '외적 인격', '창조된 자아상'을 만들고 삶의 초목표를 향해 나아간다. 인생 초목표를 이루기 위해서 다양한 페르소나를 쓰고 벗는다. 페르소나는 우리에게 주어진 역할을 충실히 해내려는 긍정적인 마음의 가면이다.

운명 같은 역할

우리가 선택할 수 없는 페르소나가 있다. 부모님의 자녀라는 역할이다. 세상이라는 무대에 오르는 순간 부모님의 자식이 되었다. 나의 선택이 아닌 부모님의 선택으로 세상에 데뷔했다. 운명이다. 우리는 누군가의 아들 또는 딸이라는 역할로 이미 캐스팅되었다. 만약에 나에게 선택권이 있었다면 나의 부모님을 선택하지 않았을 거라고 생각한 적이 있다. 가난하고, 불우한 환경이 싫었다. 하고 싶은 것을 할 수 없고, 할 수 있는 것이 많지 않고, 해야 하는 것들은 많았다. 감사보다 원망이 컸던 날도 있다. 그러나 어쩔 수 없었다. 부모님은 물론 태어난 곳, 태어난 때, 그 어떤 것도 내 의지로 선택할 수 없었다. 스스로 죽는 것을 선택하지 않는 한, 잘 살아야 했다. 그러다 한 사람을 알게 되었다. 그도 나처럼 아들이라는 역할을 맡고 태어났다. '닉 부이치치'다. 그는 태어날 때부터 양팔과 두 다리가 없고, 한쪽에 작은 발만 가졌다. 강의 준비를 하다가 참고 자료로 보게 된 영상에서 그의 이야기를 들었다.

"내가 나를 불쌍히 여긴다면 다른 사람들도 나를 그렇게 볼 것이란 것을 더 확실하게 깨닫게 되었다."

그를 만나고 내가 가진 것에 대해 생각했다. 내가 애써 노력하지 않고도 얻은 것들을 보게 됐다. 부모님이 나에게 주신 것과 내가 누리고 있는 것들도 보이기 시작했다. 운명처럼 주어진 많은 것들을 발견했다. 닉 부이치치 덕분이었다. 희망과 용기를 주고 싶다는 그의 사명을 듣고, 내가 세상에서 할 수 있는 역할에 대해서도 고민했다. 나는 어떤 아들이고, 어떤 배우이고, 어떤 코치인지 나에게 물었다. 그리고 운명처럼 주어진 삶과 역할에 대해 다시 돌아봤다. 그리고 2014년 봄, 운명 같은 전화 한 통을 받았다.

"태화야, 해설자가 필요한 데 니 목소리가 딱이야."

2014년 리딩reading 공연*에 캐스팅 되었다. 공연이 일 주일도 남지 않았을 때 감독님 전화를 받았다. 원래 해설자로 거론되던 배우가 있었지만 여러 가지 사정상 나에게 해설자 역할을 부탁했다. 가장 큰 이유는 목소리 때문이라고 했다. 관객과 심사위원을 집중시키고 공연을 설명할 적임자라고 했다.

부모님은 나에게 좋은 목소리를 주셨다. 극장을 채우기 좋은 성량과 건강한 성대를 주셨다. 신뢰감 있는 목소리를 가졌다는 찬사를 듣게 해주셨다. 배우가 되고 나서야 알았다. 내가 선택하지 않았지만 타고난 것들이 많았다. 소중한 재능과 자원이 이미 내 안에 있다. 그것들이 운명적인 캐스팅을 도왔다.

나 자체로도 '세상'이라는 무대에 설 자격은 이미 충분하다. 나로 태어난 것이 곧 운명이다. 나아가 내가 세상에서 가장 잘 해낼 수 있는 운명적인 역할이 반드시 있다. 이것을 깨닫는 다면 '세상'이라는 무대 위, 운명적인 캐스팅은 계속 될 것이다. 그리고 맡은 역할을 멋지게 연기하는 롤플레잉도 할 수 있다.

* 리딩 공연은 음향, 조명 등 무대를 실제 공연처럼 갖추지 않고 대본을 읽는 식으로만 진행되는 공연을 말한다. 주로 완성된 작품으로 공연되기 전에 작품을 심사하거나 알리기 위한 목적으로 활용된다.

나를 캐스팅하라

100번의 오디션

"이태화 코치, 배우가 되겠다고 했던 건 어떻게 진행되고 있나?"

"코치님, 비틀즈도 유명해지기 전에 오디션을 100번 넘게 떨어졌대요. 저는 그래도 100번 떨어지기 전에 한 작품은 할 수 있을 것 같습니다."

"오디션을 100번 넘게 떨어지고 데뷔하면 비틀즈만큼이나 위대한 배우가 되겠구먼. 허허허."

그럴 수도 있겠다는 생각이 들다가도 100번이나 떨어지는 걸 상상하니 아찔했다. 멘토 코치님의 말씀은 오디션의 과정과 결과를 모두 생각하게 했다. 그리고 100번을 떨어져도 계속 도전한다는 마음 없이는 인내하기 힘들다는 것도 알게 되었다. 본격적인 도전을 시작하고 직장을 다니면서 오디션을 보러 다녔다. 오디션이 퇴근하고 갈 수 있는 시간으로 배정되는 것도 큰 행운이었다. 뮤지컬 〈빨래〉 오디션도 그랬다. 그날은 출근했던 복장 그대로 오디션 장에 겨우 도착했다. 대기실에서 다른 배우들이 이어폰을 끼고 노래를 흥얼거리고 있었다. 어떤 배우는 악보도 가지고 있었다. 나는 오디션 곡의 음악 파일도, 악보도 없었다. 대신 직장인들이 들고 다니는 서류가방만 덩그러니 손에 쥐고 있었다. 드디어 나의 차례가 되었다. 오디션 지정곡 반주가 시작됐다.

"참 예뻐요~♬"

"네 잘 들었습니다." 몇 소절을 부르지도 않았는데 관계자가 노래를 멈췄다. 이어지는 인터뷰에는 더 자신감이 떨어졌다. 횡설수설 못난 모습만 보이고 나왔다. 그 날은 집에 가는 길이 더 어두웠다. 회사를 다니면서 배우를 준비하는 것 자체가 말도 안 되는 짓인 것 같다는 생각이 들었다. 힘없이 걷다가 혜화로터리 횡단보도 앞에 섰다. 빨간불에 멈춰 있는 사람 그림이 내 모습 같았다. 자동차 불빛도 쓸쓸하게 보였다. 한참을 땅만 보고 집으로 걸어갔다.

영화 〈왕의 남자〉의 원작, 연극 〈이爾〉 오디션에서는 아크로바틱을 보여줘야 했다. 일단 서류는 합격해서 오디션 장에 갔지만 아크로바

틱은 커녕 앞으로 구르기도 자신 없었다. 나는 당당하게 아크로바틱 대신 응원 모션을 보여 주겠다고 했다. 음악도 없이 미친놈처럼 혼자 응원 모션을 했다. 민망함과 어색함을 이겨내려고 소리도 질렀다. 제정신이 아니었다. 모션을 다 보여 주고 나니 정말 미친놈이 된 것 같았다. 그리고 뭐가 감사한지도 모르면서 '감사합니다!'를 연발하며 도망치듯 오디션 장을 빠져 나왔다. 그 때 온몸에 흐르던 기운이 있다. 애써 웃는 태연함으로 포장된 수치심, 자괴감, 허무함, 스스로 잘 했다고, 최선을 다했다고 위로하는 애처로움……. 건물을 나와서 크게 숨을 내쉬었다. 그런데 그게 끝이 아니다. 다음 오디션 때도 비슷한 감정과 다시 직면해야 한다.

100번째 오디션을 향해 가던 중에 연기 전공으로 석사 과정에 지원한 적이 있다. 오디션 접수 번호 100번. 100번째 오디션은 아니지만 '100번'의 오디션이었다. 번호가 참 마음에 들었다. 그래서인지 오디션을 보는 내내 느낌도 좋았다. 딱 면접 전까지 말이다. 면접관들이 나를 뽑으려는 의지가 느껴지지 않았다. 슬픈 예감은 틀리지 않았다. 결국 100번의 오디션은 불합격으로 끝났다. 오디션을 마치고 나오는 길은 역시나 쌀쌀하고, 쓸쓸했다. 도전을 끝내고 돌아서는 길은 뿌듯함과 함께 공허함이 밀려온다. 발걸음 한 걸음은 가볍고, 한 걸음은 무겁다.

'세상'이라는 무대 위, '삶'이라는 공연의 주인공이 되는 과정은 감독의 마음으로 배우인 나를 경청하고, 감독으로서의 내가 배우로서의 나를 캐스팅하는 것이다. 오디션[audition]이라는 말도 '아우디레[audire], 경청하다'는 뜻의 라틴어로부터 나왔다. 오디오[audio], 오디언스[audience, 청중], 오디토리움[auditorium, 객석]도 오디션과 어원이 같다. 감독들이 경청하고, 캐스팅을 진행하는 것이 오디션이다.

한동안 '오디션'이라는 단어는 '불합격', '실패', '좌절'과 참 잘 어울렸다. 오디션에 실패하면 가슴부터 아랫배까지 구멍이 뚫린 것 같이 시리다. 혼자 쓰린 마음을 토닥거리듯 가슴을 툭툭 쳐보기도 하고, 한참 한숨을 쉬기도 한다. 어쩔 수 없다. 무대에 서기 위해 피해갈 수 없는 과정이다. 그 감정을 지나 보내야 한다. 시간이 지나면 괜찮다고 말하고, 다시 기운을 내야 한다. 아직 100번째 오디션까지 기회는 많다.

괜찮다. 떨어지면 또 보면 된다

"괜찮아! 오디션은 떨어지면 또 보면 되고,

떨어지면 또 보면 되고,

그러면 되는 거지. 괜찮아!"

– 뮤지컬 <오디션>, 준철 역 대사

뮤지컬 〈오디션〉은 작품의 제목이 '오디션'이다. 밴드 뮤지션들의 오디션 이야기를 다룬 작품이면서 작품 속 음악을 실제로 배우들이 연주하는 독특한 공연이다. 뮤지컬에서 밴드가 라이브로 반주를 하는 경우는 흔히 볼 수 있다. 하지만 대부분의 뮤지컬은 반주를 하는 뮤지션과 배우가 다른 사람이다. 그러나 뮤지컬 〈오디션〉은 뮤지션과 배우가 하나다. 배우들이 뮤지컬의 음악을 연주하는 뮤지션이면서, 연기와 노래를 하는 배우다. 뮤지컬 〈오디션〉처럼 뮤지션과 배우가 하나인 뮤지컬을 '액터 뮤지션 뮤지컬actor-musician musical'이라고 한다.

뮤지컬 〈오디션〉은 2007년 처음 공연을 올린 국내 최초의 액터 뮤지션 뮤지컬이다. 밴드 이야기를 다룬 만큼 보컬, 기타, 베이스, 건반, 드럼을 연주하는 인물이 등장한다. 2009년 뮤지컬 〈오디션〉의 오디션에서 드러머 역할로 지원했다. 오디션 날, 〈오디션〉의 오디션 곡으로 〈오디션〉 ost 중 한 곡을 골랐다. 뮤지컬 〈오디션〉의 오디션에서는 노래와 연기, 악기 연주까지 본다. 정말 제대로 오디션이다.

"저희 작품 보셨나요?"
"……."

한창 노래를 하는데 반주가 꺼지고 감독님이 질문했다. 작품을 보지 못한 터라 아무 말도 하지 못하고 몇 초를 그냥 서 있었다.

"수고하셨습니다."

그렇게 〈오디션〉의 오디션이 끝났다. 오디션이 있고 얼마 뒤, 친구와 뮤지컬 〈오디션〉 공연을 봤다. 귀를 통하지 않고 가슴으로 들어오는 것 같은 사운드가 생생하다. 오디션에 붙었더라면……. 아쉬움과 미련이 너무 크게 남았다. 공연을 보고 나니 더 그랬다. 나를 웃기고 울린 저 무대에 함께 하고 싶었다. 한숨이 연거푸 나왔다. 극장을 나오면서 친구가 ost CD를 선물했다. 말하지 않았지만 응원으로 들렸다. 그로부터 2년 후, 2011년 뮤지컬〈오디션〉 13차 공연에 극적으로 합류했다. 그리고 2012년, 첫 오디션을 보고 3년이 지나 드디어 뮤지컬 〈오디션〉 무대에 섰다.

제가 예전에 몇 번 언급한 적이 있는데, 예전 직장 동료 중 '이태화'라는 친구가 있었습니다. 남들이 평범하게 사는 게, 죽지 못해 사는 게 삶이라고 할 때 뮤지컬 배우가 되고 싶다고 했고, 결국 그 길을 선택했습니다. 모두 다 아시겠지만, 대부분 길에서 벗어나 남들이 가지 않은 길을 가는 것이 초반부터 배부르고 등 따뜻한 경우는 거의 없습니다. 이 친구도 마찬가지였고요. 그러나 포기하지 않았고 자신의 재능을 꾸준히 발전시켜 갔습니다. 금요일에 태화가 뮤지컬 <오디션> 이라는 공연에 출연하게 되었다는 소식을 듣고 가족과 함께 대학로를

갔었습니다. 그는 무대 위에서 남들을 웃고 울리며 자신의 기량을 발휘하고 있더군요. 특히 밴드의 리더 역할로서 감초 같은 웃음, 실수하지만 부원을 감싸는 캐릭터는 태화와 참 잘 어울렸습니다.

- 양정훈 코치의 SNS -

<오디션> 출연 모습. 오디션은 계속 된다. 내가 원하는 역할을 맡을 때까지 계속 보면 된다.

밴드 리더 준철의 대사가 지금도 대부분 기억날 만큼 역할에 빠져 살았다. 낙천적인 준철처럼 일상에서도 괜찮다고 말하는 게 익숙해졌다. 그리고 오디션에 떨어질 때 마다 나에게 '괜찮다'고 말하는 법을 배웠다. 괜찮다. 괜찮다……. 내가 원하는 역할을 맡기 위해 오디션은 계속 될 것이다. 떨어져도 괜찮다. 오디션은 또 보면 된다.

다시 무대에 오르기 위해

100번의 오디션을 향해 가는 한 여배우를 만났다. 그녀를 만나러 극장에 3번이나 갔고, 그녀의 이야기는 내 생애 최고의 영화 순위를 뒤바꿔 놓았다. 그녀의 이름은 '미아', 영화 〈라라랜드〉의 여주인공이다. 영화의 여러 명장면들 중에서도 유독 숨죽인 장면은 역시 미아의 오디션 장면이다. 'Audition'이라는 ost를 들을 때마다 미아의 글썽이던 큰 눈이 떠오른다.

영화 초반에는 미아도 나와 같은 무명 배우로 등장한다. 역시 나처럼 배우로서 번번이 오디션에 떨어진다. 그러다 그녀는 자신이 직접 쓴 대본으로 연극 무대에 오르기로 마음먹고, 자기만의 이야기를 써내려 간다. 그리고 오랜 준비 끝에 당당히 무대에 선다. 그러나 또……. 공연은 거기까지다. 극장은 싸늘했다. 객석은 텅텅 비었고 그나마 공연을 보고 나가는 몇몇 사람들마저 혹평을 쏟아낸다.

공연이 끝나고 무대 뒤에서 고개를 숙이고 있는 미아의 장면에서 또 나를 보는 것 같았다. 도전과 실패와 좌절……. 그 소용돌이에 휩쓸려 헤어 나오지 못하는 것 같은 기분이 전해졌다. 영화에서는 자세히 그려지지 않았지만 미아가 홀로 무대에 오르기까지의 과정을 상상했다. 그 떨림, 떼려야 뗄 수 없는 두려움과 설렘, 온전히 혼자 감당해야 하는 시간들을 그려 봤다. 어둡고 무서운 무대 뒤를 지나 조명 앞에 섰을 미아를 떠올리면 가슴이 뭉클해진다. 미아의 도전은 실패로 끝났지만 결국 그 도전이 중요한 계기가 되어서 다행히 새로운 기회를 갖게 된다. 그리고 기회의 자리에서 'Audition'이라는 곡을 부른다.

내 생애 첫 오디션은 언제였을까? 반장이 되면 우리 반을 최고의 반으로 만들겠다고 다짐했던 초등학생 때일까? 인생은 오디션의 연속이다. 고등학교 때는 '교지 편집부에 들어가면', 대학생이 되어서는 '학부 대표가 되면', 졸업 후에는 '신입사원으로 뽑아 주신다면', 얼마 전에는 '대학원에서 공부하게 되면', 프로포즈할 때는 '당신의 남편이 된다면' 등등. 그 동안 참 많은 역할에 지원했고, 앞으로도 그럴 것이다.

'세상'이라는 무대 위에 오르기 위한 첫 단계는 '삶'이라는 작품의 주인공이 되는 것이다. 삶에서 어떤 역할을 맡기 이전에 내 삶의 주인이 되어야 한다. 내가 주인이 되어 나로 살아야 한다. 만약 다른 사람이 내 작품의 주인공이 된다면, 나는 조연이 될 수밖에 없다. 그리고 내 삶이 내 것 같지 않게 될 것이다. 천만다행인 것은 캐스팅 권한이 나에게 있다. 내가 아니면 누구도 그 권한을 대신 할 수 없다. 내가 나를 캐스팅할 수 있고, 그래야만 한다. 내 '삶'이라는 작품의 주인공이 되어야 한다. 비중 있는 조연들이 여러 장면을 장식해도 나는 빠질 수 없는 주인공이어야 한다.

당신은 과연 당신을 선택했는가?

당신 삶의 주인공으로 당신을 캐스팅했는가?

혹시 그 선택마저 누군가에게 맡긴 것은 아닌가?

내 삶의 주인공으로서 내가 맡을 역할에 당당히 지원하는 것이 '인생 오디션'이다. 내가 주인공이 아니라면 그 어떤 역할도 잘 해낼 수 없다. '반장'이라는 역할, '신입사원', '남편', '아내', '아버지', '어머니' 그 어떤 역할도 삶의 주인이 되었을 때 자기답게 해낼 수 있다. 어떤 역할을 맡더라도 명연기를 하고, 명장면을 만들 수 있다. 내가 내 작품의 주인공일 때만 그것이 가능하다. 아직 스스로 '삶'이라는 작품의 주인공이 아니라면 당장 자신을 캐스팅해야 한다. 스스로 오디션 기회를 만들고 더 나아가 합격과 불합격의 기준도 자신이 되어야 한다.

스스로 당당해지는 것이 곧 인생 오디션 합격의 시작이며 그때야 비로소 '세상'이라는 무대도 나의 것이 된다. 페르소나는 상황과 역할에 따라 쓰는 긍정의 가면이지만 진정한 나의 모습은 아닐 수 있다. '나답다'의 '나'는 '배우로서의 나'보다 '감독으로서의 나'에 가깝다. 나다운 것은 나를 관찰하는 내가 만족스러운 상태다. 내가 사랑스럽고, 자랑스러울 때 나답다고 느낀다. 감독의 입장에서 '나'라는 배우를 보면서 진심으로 '나답다'고 느낄 때 비로소 인생 주인공으로 캐스팅할 수 있다.

인생을 연출하라

미장센mise en scène

태화야,

꿈은★이루어진다.

단, 노력해야겠지 ^.^

늦은 만큼……

- 兄, 2009. 10. 17.

사인을 받았다. '형'이라는 말이 따뜻했다. 회사를 그만 두고 몇 달 동안 매일 아침 사인을 꺼내 봤다. 그리고 같은 질문으로 하루를 시작했다. 오늘은 무슨 노력하지? 늦은 만큼 더 노력했다. 몇 시간씩 다리를 찢으며 스트레칭도 하고, 연기에 관한 책도 닥치는 대로 읽었다. 어떤 가수가 직장인 출퇴근하듯 연습실로 출퇴근했다는 말을 듣고 따라 하기도 했다. 아침부터 저녁까지 건반 앞에 앉아서 발성 연습도 해봤다. 건반 앞에서 꾸벅꾸벅 졸기도 하고, 기타를 껴안고 잠들기도 했다. 대학로에 가서 공부도 했다. 소극장 공연을 보는 것은 가장 재미있는 공부였다. 술자리에 끼여서 공연 뒷이야기를 들으면서도 많이 배웠다. 당시에는 배우가 되기 위해 좋다는 것은 가리지 않고 했다. '늦은 만큼' 그랬었다. 어쩌면 서른 살 백수의 불안함을 노력으로 위로했었는지도 모른다. 그래도 해야만 하는 것들이 사라지고, 하고 싶은 것들로 빈자리를 채우는 것이 기뻤다. 노력의 장면들이 겹겹이 쌓여서 오늘이 되었다.

다시 그때처럼 하루를 보내기에는 많은 것들이 변했지만 힘들었던 날들이 가끔은 그립기도 하다. 돈암동 재래시장에서 감자, 오이, 당근을 사 놓고 허기를 달래고, 강의를 해서 돈을 버는 날에는 특별 메뉴로 참치 통조림을 따서 먹었다. 그때는 친구들이 돌아가며 밥을 샀다. 친구들을 만나는 날은 고기도 먹고, 회도 먹는 특별한 날이었다. 지금도 그 때의 장면을 떠올리면 가슴이 뜨거워지고, 목이 칼칼해진다. 눈물이 '컥'하고 맺힌다. 무식하면서도 순수했던 노력들로 꾸며진 시간이다. 아름답다. 그래서 그 날들은 '미장센, 아름답게 꾸며진(美裝, 미장), 장면(scène, 센)'으로 기억된다.

본래 '미장센'은 프랑스어다. 처음 '미장센'이란 단어를 알게 된 것은 샴푸 덕분이지만, 연기 공부를 하면서 뜻을 제대로 알았다. '미장센 mise en scène'의 'mise'는 프랑스어로 어떤 장소에 놓거나 두는 것을 뜻한다. 그리고 '~위에, ~에'를 뜻하는 'en'과 극장의 무대나 장면을 의미하는 'scène'이 함께 쓰인다. 그래서 'mise en scène'은 '무대나 장면 위에 놓다'는 뜻이다. 미장센은 본래 연극 무대에서 쓰이던 '연출'을 의미했다. 연극 희곡에는 인물의 동작이나 무대장치, 조명 등에 관한 자세한 지시가 없다. 연출자가 무대 위에 있는 모든 시각 대상을 꾸며야 한다. 그래서 미장센은 무대나 장면을 어떻게 연출하느냐를 의미한다. 무대에서나 영화 스크린에서 어떤 것들이 보이게 하고, 어떻게 보이게 할 것인가 선택하는 것이 미장센이다.

2010년, 미장센을 배울 수 있는 좋은 기회가 있었다. 연극 〈로베르토 쥬코〉라는 작품에 조연출로 함께 했을 때다. 조연출은 연출을 돕는다는 의미에서, 한자 '도울 조助'를 앞에 붙이고, 영어로는 'assistant director'라고 한다. 나에게 사전적 의미보다 더 와 닿은 표현은 '시다'였다. 연출님이 '시'키는 것은 웬만하면 '다'해야 한다. 대본을 복사하는 일은 물론 김밥을 사오는 일, 연습 중에 음악을 트는 일, 연습실 청소도 한다. 연극 〈로베르토 쥬코〉 공연 리허설 때는 급하게 조명 박스가 필요해서 내가 직접 만든 적도 있다. 무대 제작팀에게 장비를 빌리고 남은 재료들을 모아서 만들다가 문득 '내가 왜 이걸 만들고 있지?'하는 생각이 들기도 했다. 하지만 내가 하는 사소한 일들이 좋은 작품의 좋은 장면이 만들어지는 데 도움이 될 수 있다는 것을 알면 괜찮다. 조연출을 하면서 미장센의 과정을 고스란히 함께 했다. 그리고 매일 '아! 이렇게 한 장면이 만들어지는구나!', '아! 이렇게 한 작품이 완성되는구나!'하는 감탄을 했다.

'세상'이라는 무대 위, '삶'이라는 공연도 마찬가지다. 인생 초목표 달성을 위한 노력은 순간의 짧은 장면으로 시작된다. 그리고 그 장면들이 쌓여서 일생이라는 작품이 완성된다. 행복한 인생 연출은 미장센으로 구체화된다. '세상'이라는 무대 위, '삶'이라는 공연을 연출하는 것이 곧 인생 미장센이다. '삶'이라는 작품에 어떤 것들이 보이게 하고, 어떻게 보일 것인가를 고민하는 것이다. 내가 감독이자 배우가 되어 만드는 삶의 장면은 어떻게 연출할 것인가?

'세상'이라는 무대 디자인

1997년, 1994년, 1988년, 드라마 '응답하라' 시리즈가 있었다. '응칠', '응사', '응팔'이라는 말이 통할 정도로 인기였다. 나도 드라마를 보는 동안 그때로 잠시 돌아갔었다. 마치 드라마 속에 들어가 배우들 옆에서 구경하는 기분이었다. 뽀글뽀글 아줌마 파마나 당시 유행했던 의상들은 추억을 소환하는 데 크게 한몫했다. 실제 나이보다 어린 역할을 연기하는 배우들도 배경에 잘 스며들어 더 어리게 보였다. 그런데 드라마가 아닌 현실에서는 어떨까? 만약에 '세상'이라는 무대를 과거로 연출하면 그때처럼 어려질 수 있을까? 정말 그때의 내가 응답할까?

'카운터클락와이즈'라는 연구가 있다. 'counterclockwise'는 '반시계 방향'이라는 뜻이다. 1979년 하버드 대학교 앨랜 랭어[Ellen Langer] 교수는 현재의 사람들을 과거로 연출된 공간에 살게 하는 실험을 한다. 시계를 반시계 방향으로 돌려서 과거로 돌아간다는 의미에서 이 연구를 'Counterclockwise'라고 부르고, 같은 제목의 책도 펴냈다. 연구는 16명의 70대 노인들을 대상으로 진행됐다. 먼저 이들을 8명씩 두 그룹으로 나누고, 한 그룹은 마치 1959년인 것처럼 생활하게 한다. 그리고 생활하는 공간을 마치 드라마 촬영장처럼 꾸민다. 실제 1959년처럼 책장에 꽂힌 책, 신문 등 소품부터 건물의 인테리어까지 모든 공간을 연출한다. 노인들이 입는 옷도 20년 전 유행하던 스타일로 바꾸고, TV를 틀면 1959년 프로그램들이 나온다. 참가자들에게는 준비물로 자신의 1959년 사진을 가져오게 했고, 그들이 현재 자신의 모습을 볼 수 없도록 모든 거울을 없애 버렸다. 보고, 듣고, 느낄 수 있는 모든 자극들이 바뀌었다. 실험에 참가한 노인들은 1주일 동안 20년 전으로 돌아가서 마치 50대가 된 것처럼 생활했다. 결과는 어땠을까? 과연 1959년은 응답했을까? 놀랍게도 실험에 참가한 사람들은 실제로 젊어졌다. 실험 전후 측정한 여러 가지 건강지표를 비교했을 때 실제로 신체 나이가 젊어진 것이다. 체력도 나아지고, 자세도 더 바르게 변했다. 심지어 시력도 좋아졌다. '나이는 숫자에 불과하다.'는 말의 과학적인 근거를 확인할 수 있는 재미있는 연구다.

카운터클락와이즈 연구에서 가장 주목할 점은 공간이 인간에게 미치는 강력한 힘이다. 2011년 극단 생활을 할 때 그 힘을 실감한 적이 있다. 당시 극단 연습실은 청량리에 있었고, 연습실 근처에는 청과물 시장이 있었다. 청량리역 6번 출구를 나와서 극단까지 가는 좁은 인도는 시장을 오가는 할아버지, 할머니들로 자주 붐볐다. 인도를 함께 걷다 보면 내 속도로 걸을 수 없을 만큼 빽빽한 때도 많았다. 지각이라도 할 것 같은 날에는 꽉 막힌 도로보다 답답할 정도였다. 겨우 인도를 지나서 짧은 횡단보도를 건너면 생선 냄새가 났다. 파리 몇 마리를 손으로 휘저으며 약국을 지나고 나서야 극단 건물로 들어설 수 있는 길이었다. 노인들, 비린내, 파리가 떠오르고, 여유라고 보기 힘든 느려터진 공간이 왠지 모르게 나를 우울하게 했었다. 그런데 어쩌다 홍대나 강남에 나가면 완전히 다른 세상이었다. 두 공간을 오갈 때면 불과 몇 분 만에 전혀 다른 곳으로 여행을 가는 것 같았다. 걷는 속도가 빨라지면서 마음도 경쾌해진다. 눈에 들어오는 젊은 사람들과 코를 맴도는 향기, 귀로 들리는 최신 음악 소리로 저

절로 충전이 되는 것을 느낀다. 두 장소에 대한 차이를 깨닫고 나서 공간이 주는 힘을 실감했다.

공간이 중요하다. 마음을 먹는 만큼이나 중요하고, 마음을 먹는데도 도움이 된다. 공간을 변화시키면 생각이 변화된다. 기분 전환이 필요할 때 의도적으로 공간을 옮기는 것도 좋다. 공간이 생각을 자극하기 때문이다. 심리학에서는 이와 같은 현상을 점화 효과*로 설명한다. 밝고 긍정적인 마음은 밝고 긍정적인 공간이 만든다. 행복한 인생 연출도 마찬가지다. 마음만 먹고, 실제 연출하는 장면은 그대로라면 행복해지기 어렵다. 공간을 연출하고, 의상을 바꾸면 마음도 달라질 수 있다. '세상'이라는 무대를 행복하게 연출하는 것이 곧 삶을 행복하게 만드는 길이다.

인생 연출 4단계

실패하더라도

그것을 통해 배움을 얻는 일에 실패하지 말라.

– 작자 미상 <삶을 위한 지침> 중에서

* 점화 효과(priming effect), 먼저 제시된 자극이 나중에 제시된 자극의 처리에 영향을 주는 현상

NG를 내더라도 그것을 통해 배움을 얻는 일에 NG를 내지 말라. '세상'이라는 무대 위, 삶을 연출하는 감독의 자세다. NG를 외치게 되더라도 NG를 통해 배움을 얻는다면 OK다. NG에 대처하는 배우의 자세이기도 하다. 영화도 연극도 뮤지컬도, 단번에 OK가 되는 장면은 거의 없다. 일상에서도 NG처럼 실패를 한다. 아무리 최선을 다해도 모든 장면이 OK가 될 수 없다. 살다 보면 후회되고, 부끄럽고, 민망하고, 어디론가 숨고 싶은 장면들을 만든다. 누구도 NG를 내기 위해 노력하지 않았다. 그래도 NG는 생긴다. 영화라면 싹둑 잘라서 편집해 버리고 싶은 장면들이다. 중요한 것은 왜 NG인가다. 이유를 알게 되면 NG를 통해 배움을 얻은 것이다. 삶은 영화처럼 다시 촬영할 수 없다. 하지만 배움을 얻고 나서 다시 비슷한 순간을 만날 때 다른 선택을 할 수 있다. 더 나은 연기와 더 나은 연출이 가능하다. 배우이자 감독으로서 더 나은 역량을 갖출 수 있다. 결국 역량은 4단계로 발전한다.

4단계: Unconscious Competence (무의식적 유능력)

3단계: Conscious Competence (유의식적 유능력)

2단계: Conscious Incompetence (유의식적 무능력)

1단계: Unconscious Incompetence (무의식적 무능력)

가장 낮은 1단계는 뭘 모르는 단계다. 내가 뭘 모르는지도 모르고, 뭘 아는지도 모르는 단계다. 당연히 능력을 발휘하기도 힘들다. 내가 배우가 되겠다고 덤볐던 시작이 좋은 예다. 뮤지컬 배우가 되고 싶었지만 나의 노래에 대해서 제대로 몰랐다. 1단계다. 내가 나의 노래에 대해서 뭘 알고, 뭘 모르는지 모르는 단계였다.

"태화야, 너는 뮤지컬 배우를 하면 안 되는 사람이야."

음악 감독님이 말했다. 음감 테스트를 하고 나서 처음 들은 말이다. 음정도 불안하고, 고음은 잘 나지 않고, 발성은 기본이 안 되어 있다고 했다. 그나마 리듬감은 괜찮지만 뮤지컬을 하기는 힘들다고 했다. 그냥 연극이나 영화만 하라고 조언했다. 절망감이 밀려왔다. 나도 모르게 몸을 웅크렸다. 고개를 푹 숙이고 한숨을 쉬었다. 그런데 잠시 후 다시 고개를 쳐들고 질문했다.

"그래도 뮤지컬을 하고 싶은데 어떻게 하면 될까요?"

그날 나는 뮤지컬 공연을 하기에 전혀 준비되지 않은 배우란 걸 알게 됐다. 그렇게까지 형편없는지 몰랐지만, 중요한 것은 그래도 알게 된 것이었다. 2단계로 성장한 셈이다. 2단계는 내가 뭘 모르는지도 알고, 내가 뭘 아는지도 아는 단계다. 그러나 알기만 할 뿐 역량으로 발휘되지 않는 단계다. 음정이 불안하고, 고음은 안 나오고, 리듬감만 괜찮다는 것을 알지만 노래는 잘 못하는 단계다.

드디어 혹독한 발성 훈련을 시작했다. 뮤지컬 배우로 무대에 서기 위한 역량이 필요했다. 이비인후과에서 성대를 내시경으로 보고, 음성치료와 발성치료를 받았다, 전문 발성 교정사로부터 1:1 지도도 받았다. 복식호흡부터 후두를 내리고, 성대를 열고 닫는 것까지 제대로 공부하기 시작했다. 거의 두 달 동안 매주 발성치료를 받았다. 발성을 완전히 갈아엎는 과정이었다. 겨우겨우 3단계로 올라섰다. 3단계는 드디어 역량으로 발휘되는 단계다. 내가 의식적으로 알아차리면서 할 수 있는 단계다. '복식호흡을 해야지.' 하고 의식하면서 숨을 쉬고, '후두를 내려야지.' 하고 의식하면서 소리를 내는 단계다. '지금 내 목소리가 허스키 하구나.'하고 알아차리면서 목소리를 바꿀 수 있는 단계다. 3단계는 의식하면서 역량으로 발휘할 줄 아는 단계다. 그러나 2단계에서 3단계가 되는 것은 정말 고된 과정이다. 고되다는 표현만으로는 무지 아쉬울 정도로 무지하게 고되다.

이미 경찰에 신고는 했지만,

다시 한 번 더

새벽에 노래 부르면

고소합니다.

어느 날 은행을 다녀오느라 잠깐 집을 비운 사이에 현관문에 저렇게 쓰인 종이가 붙어 있었다. 당황한 마음에 얼른 종이를 뗐다. 집으로 들어오니 민망하기도 하고, 정말 신고를 했을까 불안하기도 했다. 종이를 그냥 버리려고 하다가 멈췄다. 그리고 한참 그 종이를 봤다. '내가 이 정도로 노래에 미쳐 있구나.' 순간 '피식'하는 웃음이 나왔다. '그래! 열심히 하고 있네!' 그때나 지금이나 하루라도 노래를 하지 않으면 성대에 가시가 돋을 것만 같다. 조심하긴 했었지만 틈만 나면 노래 연습을 했었고, 새벽 시간도 예외일 수 없었다. 어쩌다가 발성이 잘 되는 날에는 그 느낌을 잊고 싶지 않았다. 핸드폰으로 노래를 틀어놓고 따라 부르다가 잠들었다. 눈을 떴을 때 느낌을 잊은 것 같으면 Reset 버튼이 눌러진 기분이었다. 아……. 또 다시 시작해야 되는구나……. 아주 가끔 느끼는 환희와 아주 자주 느끼는 절망이 반복됐다. 2단계에서 3단계로 올라가기 위해서는 시행착오가 필요하다. 실수나 실패는 필수다. 피할 수 없다.

4단계는 가장 높은 수준이다. 이 단계는 의식하지 않고도 역량으로 발휘할 줄 아는 단계다. 복식호흡이 습관처럼 편안하고, 후두는 안정적인 위치에 자리하고 있고, 자기만의 목소리로 노래를 즐길 줄 아는 단계다. 그래서 내가 가 보지 못한 단계다.

1단계: 뭘 모르는지, 뭘 아는지도 모르고, 할 수 없는 단계

2단계: 의식하지만 할 수 없는 단계

3단계: 의식하면서 할 수 있는 단계

4단계: 의식하지 않고도 할 수 있는 단계

우리는 무엇을 배우든 위 4단계를 거친다. 그래서 성장은 알아차림으로 시작된다. 그리고 실패를 통해 성숙한다. 우리는 '세상'이라는 무대 위에서 '삶'이라는 공연을 한다. 모두가 '삶'이라는 공연을 하는 주체다. 배우이면서 동시에 감독이다. 이것을 아는 것이 인생 연출의 시작이다. 알고 나면 2단계로 올라간 셈이다. 그리고 수많은 NG를 배움으로 치환하는 과정에서 3단계로 성장한다. 그러다 굳이 생각하지 않아도 내가 내 삶의 주인으로 살 수 있을 때, 우리는 '삶'이라는 공연을 아름다운 예술로 만들 수 있다. 인생연출 4단계의 정상에서 비로소 내 삶의 주인이 될 수 있다. 인생을 연출하는 감독은

4단계를 오르내리며 비로소 완성된다.

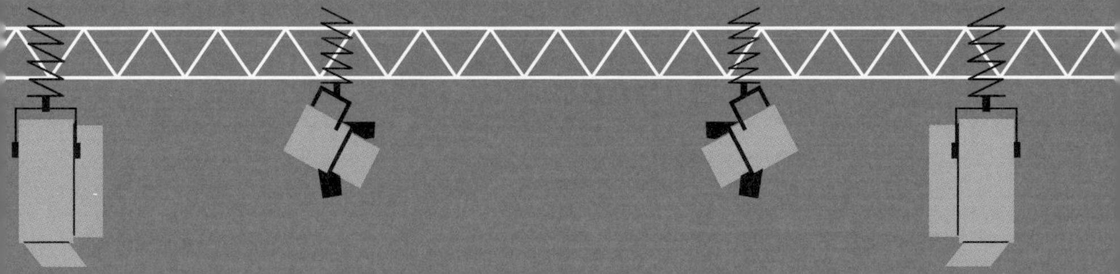

에필로그

Ready? Action!

우산을 쓴 남자 한 명이 양화대교로 걸어간다. 그러다 다리 중간쯤 멈춰 선다. 시간은 자정이 다 되었다. 투두둑 우산 위로 겨울비 떨어지는 소리, '쏴' 하고 빗물 튀기는 소리가 들린다. 남자는 몇 번을 두리번거리다가 난간에 다가선다. 그리고 한강을 내려다보며 생각한다.

'그들도 나와 같았을까?'

어느 겨울 밤, 내가 만든 장면이다. 난생 처음으로 한강 다리 위에서 강을 내려다봤다. 캄캄했다. 어디쯤 강물인지 보이지도 않았다. 그냥 온통 검은색이었다. 그 어둠만으로도 충분히 무서웠다. 이 무서움 속으로 뛰어든 사람들은 어떤 마음이었을까? 그들도 나와 같았을까? 그 곳에서 죽음을 택한 사람들을 상상했다. 나도 빗방울과 함께 한강으로 뛰어들고 싶었다. 그러나 그러지 못했다. 죽는 것이 무서웠다.

그 해 겨울은 아주 뜨거웠다. 심장이 터질 것 같은 날들이 계속 됐다. 이러다가 심장이 멈춰버리는 건 아닐까 불안했다. 아니, 차라리 그랬으면 하는 마음도 있었다. 열이 자주 났고, 일 주일 내내 울기도 했다. 춥고, 뜨거운 겨울이었다. 하늘도 뜨거웠던지 그날은 눈 대신 비가 내렸나 보다.

죽지 않고, 며칠 후 출장을 갔다. 숙소 욕조에 물을 받았다. 물이 점점 목으로 차올랐다. 턱에 물이 닿는 순간 칼로 손목을 긋는 상상을 했다. 운전을 할 때면 가드레일을 뚫고 추락하는 모습을 상상했다. 교통사고로 세상을 떠나는 게 깔끔할 것 같다는 생각을 많이 했다. 뜨거운 겨울, 나는 아주 자주 죽고 싶었다.

그날 아침에도 알람이 울리지 않았다. 알람은 이상이 없었다. 거의 매일 알람이 울리기 전에 깼다. 눈을 뜨자마자 심장이 쿵쾅거렸고, 내가 누워 있던 곳은 감옥 같았다. 부드러운 극세사 이불도 까칠했다. 너무 지독했다. 일어난 것도 누워 있는 것도 아닌 채 좁은 잠자리를 방황했다. 그러다가 문득 책이 생각났다. 내가 쓰고 있던 글들이 떠올랐다. 한참을 멈춰서 더 이상 쓰지 않은 글, '세상'이라는 무대 위, 삶을 공연하는 어쩌고저쩌고……. 그러다가 문득 질문이 떠올랐다.

'오늘은 과연 어떤 장면이 만들어질까?'

역시 '어떤 장면을 만들까?'가 아니라 '어떤 장면이 만들어질까?' 라고 묻고 있었다. 오늘은 뭘 하냐고 물어 보면 '아무것도 하지 않는 것'을 한다던 때였다. 나는 시간에 떠내려 가고 있었다.

'오늘은 어떤 장면을 만들고 싶은가?'

이것이 내가 책에서 떠들고 싶은 이야기였다. 그래, 오늘 나는 어떤 장면을 만들까? 어제처럼 또 폐인으로 하루를 보낼까? 그냥 그렇게 오늘도 살아 버릴까? 아니다. 그러고 싶지 않았다. 세상에 떠들고 싶던 말들을 나에게 던지기 시작했다. 힘을 내고 싶었다. 오늘만이라도 다시 살아 보고 싶었다. 이렇게 죽어서 엄마를 만나고 싶지 않았다. 일어났다. 힘들었다. 아니 힘들다고 엄살을 피웠다. 그래도 일단 움직였다. 꾸역꾸역 몸을 옮겼다. 발에 치이는 물건들을 치웠다. 하나, 둘, 그렇게 하다가 그날은 '집을 청소하는 장면'을 만들었다. 묵언수행을 하듯 아무 말 없이 몇 시간동안 청소만 했다. 늦은 오후가 됐다. 아직 해가 지지 않았다. 나가고 싶어졌다. 이어서 '샤워를 하고, 카페로 가서 글을 쓰는 장면'을 만들었다. '눈부신 석양'과 '따뜻한 커피'를 그날의 장면에 담았다. 나는 지독하게 우울한 장면 대신

'당당하게 걷는 장면'을 연출했다.

온몸이 꿈쩍하지 않을 때가 있다. 머릿속이 복잡해질 때가 있다. 하고 싶은데 하지 못하고 주저할 때도 있다. 준비가 덜 된 것 같을 때도 많다. 제대로 하고 싶고, 잘하고 싶어서 더 머뭇거리기도 한다. 감독으로서의 내가 배우로서의 나를 보면 그렇게 멈춰 있는 게 보일 때가 있다. 그럴 때 감독이 묻는다. Ready? 그리고 외친다. Action! 그냥 하자. 때로는 그냥이 답이다. 이러쿵저러쿵 둘러대는 동안 아까운 시간이 흐른다. 내가 나에게 외친다.

Ready? Action!

지금 이 장면이 예술이다

죽고 싶다고 징징대던 장면은 지나갔다. 모든 장면이 지나가고 다시 지금이다. 지금 이 순간에도 '지금'이라는 순간이 쌓인다. 지금이 쌓여서 오늘이 되고, 삶이 된다. 시간을 쪼개고 쪼개면 지금밖에 남지 않는다. 우리가 무언가 할 수 있는 때는 지금밖에 없다.

얼룩말은 위궤양에 걸리지 않는다. 지금 이 순간을 살기 때문이다. 사자가 쫓아오는 순간에는 도망가는 데 최선을 다하고, 사자가 쫓아오지 않는 순간에는 풀 뜯는 데 최선을 다한다. 지금 이 순간, 지금 여기, 간절히 바라고 원하는 것에 집중한다. 사자가 쫓아올까 봐 걱정하지 않고, 도망쳐서 다행이었다며 돌아보지 않는다. 미래나 과거가 아니라 현재에 충실하다. 그러나 인간은 다르다. 상상력과 기억력이 있다. 미래를 대비하고, 과거를 반성할 줄 안다. 그래서 얼룩말과 다르게 사자를 피할 수 있지만 한편으로는 지금 이 순간을 잃고 위궤양에도 걸린다. 애써 어두운 미래를 상상하며 불안해하고, 지나간 잘못을 떠올리며 후회한다면 지금 이 순간은 불안과 후회로 채워진다. 상상력과 기억력은 위대하지만 잘못 사용하면 현재를 놓칠 수 있다.

'어느 연극인의 죽음'

9시 뉴스 헤드라인이다. 가난한 연극인의 죽음 소식이었다. 생활고를 이기지 못한 연극인이 자살했다. 카메라는 빈 소주병과 수북이 쌓인 영수증을 차례로 비췄다. 무서웠다. 내가 배우가 되면 저럴 수도 있겠다는 생각도 들었다. 위궤양이 걸릴 것 같았다. 하필 경희대학교 연극영화과 면접을 앞뒀을 때 본 뉴스였다.

"연극영화과는 1등으로 졸업해도 어떻게 될지 모른다. 그런데 건축과는 꼴찌로 졸업해도 먹고 살 수 있다."

아버지께서 말씀하셨다. 그럴 수도 있겠구나……. 그때의 나는 현재를 놓치고 불안한 미래로 갔다. 오지도 않았고, 안 올지도 모르는 미래를 확신했다. 결국 굶어 죽지 않을 것 같은 건축과로 진학했다.

5년 후, 제대했다. 새로운 시작을 앞두고 이번에는 과거로 갔다. 연극영화과에 대한 미련이 생겼다.

'군대 가기 전이라면 배우가 되기 위해 뭐라도 해 볼 텐데…….'

아뿔싸! 그런데 이 말은 어디선가 많이 들어본 것 같았다.

'다시 고등학교 때로 돌아가면 연극영화과 입학 준비를 할 수 있을 텐데……'

'다시 어릴 때로 돌아가면 아역 배우라도 지원해볼 텐데……'

맞다. 내가 했던 말이었다. 대학교에 들어와서는 고등학교 때를 돌아보며 아쉬워했고, 고등학교 때는 더 어릴 때를 돌아보며 후회했다. 그리고 군 제대를 하고 나니 군대에 가기 전을 생각하고 있었다. 뭔가 아찔했다. 만약 같은 식이라면 몇 년이 지나서도 오늘을 후회할 게 뻔했다. 끔찍했다. 후회의 악순환이다. 이대로 계속 살면 몇 년 후에 나는 또 뭐라고 할까? 혹시 오늘을 돌아보며 아쉬워하지 않을까? 멈추고 싶었다. 딱히 뭘 어떻게 해야 할지는 몰랐지만 지금 당장 뭐라도 하고 싶었다.

결국 내가 할 수 있는 것은 지금 이 순간을 사는 것이다. 한 때는 이 말을 오해했다. 오늘만 살고 죽을 사람처럼 방탕에 빠지기도 했다. 오늘이 마지막 날인 것처럼 최선을 다한 것이 아니었다. '행복=쾌락'으로 생각했다. 미래를 생각하지 않는 것이 현재를 사는 것이라고 합리화했다. '미래를 생각하는 것'이 지금 이 순간 할 수 있는 최선일 수 있다는 걸 몰랐다. 인생의 소중한 필름을 버려 버렸고, 삶의 소중한 출연 기회를 날려 버렸다. 결국 지금 이 순간이 전부다. 지금 이 장면을 어떤 장면으로 만들 것인가가 다다.

"이상하게 들릴지도 모르지만 그림 그리기의 목적은 그림을 만들어내는 데 있지 않다. 혹시 그림이 만들어졌다면 그것은 부산물일 뿐이며 그리기 과정이 유용하고 흥미롭고 가치 있다는 것을 보여 주는 증거다. 예술 작업의 목적은 언제나 평범한 존재의 순간보다 더 높은 차원으로 존재하는 것, 그 순간에 이르는 데 있다."

– 로버트 헨리 Robert Henri

Carpe Diem. 지금 이 장면이 예술이다.

꿈꾸던 삶을 현실로 만드는
인생 연출

초판 1쇄 인쇄 2022년 9월 14일
초판 1쇄 발행 2022년 9월 21일

지은이 이태화

책임편집 김희정
디자인 박영정
마케팅 총괄 임동건
마케팅 지원 전화원, 한민지, 이제이, 한솔, 한울
경영지원 이지원
펴낸이 최익성
출판 총괄 송준기
펴낸곳 파지트

출판등록 2021-000049호
제작지원 플랜비디자인
주소 경기도 화성시 동탄원천로 354-28
전화 070-7672-1001
팩스 02-2179-8994
이메일 pazit.book@gmail.com

ISBN 979-11-92381-21-3 03300